TEXTES
POUR AUJOURD'HUI

*collection dirigée par Pierre Barbéris
et Georges Jean*

LE BESTIAIRE FANTASTIQUE

par
JEAN-PIERRE BALPE

professeur à l'École Normale
d'Instituteurs de Melun

LIBRAIRIE LAROUSSE
17, rue du Montparnasse
et 114, boulevard Raspail, Paris VIᵉ

Table des matières

La Dame à la licorne
Détail de la tapisserie du musée de Cluny
à Paris
Phot. Giraudon

Présentation

Permanente cette complicité de l'homme et de l'animal, cette amitié — entretenue dès le berceau et ses ours en peluche — tendrement échangée des bêtes familières qui nous sont si chères et dans lesquelles, plus que des bêtes, nous voyons de patients compagnons de jeux, des égaux presque... et puis, c'est l'émerveillement toujours nouveau, la découverte du bestiaire quasi inépuisable de notre planète avec les animaux qui la couvrent et la peuplent. Commencée au zoo — quelle joie dans la visite des ménageries —, toujours poursuivie dans des livres et des films — n'est-ce pas un des thèmes préférés de nos vieux abécédaires ? —, puis longuement renouvelée de jour en jour par les nouvelles découvertes faites au gré de la vie culturelle...

Les animaux, ces presque-égaux, ces êtres de chair et sang, ceux que l'on trouve en soulevant les pierres, inattendus sous l'écorce des arbres, bourdonnant invisibles et insaisissables dans les tièdes soirées d'été, ces bruits qui animent le monde, ces bêtes partout présentes, celles des fonds des mers et du sol de la terre, celles des airs et des cavernes, celles des plantes, celles des neiges, celles du feu, celles du songe... celles des songes! Et, en effet, celles des songes, car de cette quotidienne présence, comment ne pas retirer l'impression qu'au-delà de nos connaissances, d'autres bêtes existent, ni plus, ni moins étonnantes, ni plus ni moins impossibles que celles que l'on peut voir — et certaines depuis bien peu de temps seulement —, mais différentes, composites, ayant les traits familiers du déjà-vu et les mêlant, les mixant, brouillant à loisir les jeux de la nature au prix d'un nouvel assemblage : une autre bête.

Ainsi naissent les animaux fantastiques, produits des légendes, parfois venus de l'interprétation fantaisiste d'anciennes descriptions imprécises (ainsi du rhinocéros serait issue la légende de la licorne), produits d'imagination, produits des rêves : la porte entrebâillée, le vent du songe s'y engouffre ; de tous temps, contes et légendes, et la littérature, présenteront de telles créations : de la Bible à Henri Michaux, le panorama est vaste, des milliers d'années s'écoulent entre ces deux pôles et pourtant le phénomène persiste, l'homme encore, non content d'en découvrir de temps à autre, crée de nouveaux animaux et nous les offre.

Quel étrange bestiaire !... — Les rapports de l'homme et de l'animal ne sont pas toujours ceux tranquilles et confiants que l'on peut avoir avec son compagnon de jeu ; d'amical et protecteur, l'animal sait devenir ennemi et farouche. Des deux côtés, on s'observe, on se hait, on se craint; ainsi est exemplaire cette aversion immémoriale pour les reptiles. S'il est des bêtes familières, il en est d'autres redoutables et, parfois, l'aspect de l'une cache l'autre. Cela, l'homme le sait par expérience, car l'animal, quel qu'il soit, toujours nous demeure étranger et, même familière sa face reste impénétrable. Quels mystères, par exemple, sous une tête de chat ! Que de variété dans ses comportements ! Qu'attendre alors de ce placide animal qui, soudain, peut se révéler féroce et dangereux ? C'est ainsi que nous savons que toute bête a de multiples faces.

Ces rapports troubles, ambigus de l'homme et de l'animal, les voici portés en littérature : le rêve n'est pas innocent et l'animal des rêves, bien souvent, ne sert plus qu'à crier ce que, au fond de soi, l'on porte. Ainsi, les peurs irraisonnées de l'homme, cette crainte éternelle de la famine, de la maladie ou la mort, cette peur oppressante de la souffrance, c'est bien souvent au travers d'animaux — qui ne sont plus alors ceux du rêve mais ceux du cauchemar — qu'elles vont apparaître ; promu au rang de porte-parole, l'animal, soudain, se retrouve chargé de tous nos sentiments : de nos joies, de nos frayeurs, de nos hésitations, de nos rires, de nos sourires, ennemi ou complice... A la limite arrive le fabuliste pour qui toute bête n'est plus qu'une image travestie de l'homme.

Alors l'animal ne se contente plus d'être partout présent, d'être à la fois homme et bête, d'être l'animal enfermé au fond des pensées des hommes, il s'enfle, il envahit le monde, là nature tout entière se met à vivre et, lentement, à prendre forme. Voici que l'air s'anime, que la terre se déroule et que la mer s'éveille, voici que le feu sort ses griffes et que les fleuves se mettent à ramper. C'est le triomphe de la vie. D'intermédiaire entre l'homme et la nature, l'animal devient la nature même et rien n'est plus qui ne soit animal. L'imagination humaine l'emporte même au-delà de la terre peuplant d'innombrables êtres vivants l'immensité noire du ciel et la multitude inexplorée de ses étoiles.

Que de métamorphoses! On n'en finirait pas de les énumérer toutes car l'imagination humaine, depuis des siècles, s'est appliquée à les multiplier. Certaines, plus obsédantes que d'autres ont traversé les temps et, çà et là, nous les retrouverons, quelque peu familières et, pourtant, toujours différentes.

C'est à cette véritable exploration que nous allons tenter de nous livrer ici. Au travers des textes les plus divers, nous allons parcourir les terres sans limites de la rêverie humaine pour, à l'affût, en recenser la faune.

Ce sera un bien étrange bestiaire!

Un rêve de la nature : le caméléon d'Afrique
Phot. K.B. Newman-N.H.P.A.

L'imagination et la faune

L'animal est donc là, près de nous, tel que nous pouvons le regarder à toute heure — ou presque — de notre vie quotidienne. Cet animal partout présent, devenu si habituel que nous ne savons pas toujours le voir, voilà que certains d'entre nous se mettent à l'observer et, suite à ce regard longuement appuyé, s'interrogent soudain à son sujet : « Et si ce n'était pas l'animal que je croyais connaître ? Et, si derrière celui que, jusque-là, je croyais voir, se dissimulait autre chose, une autre bête, moins ordinaire et plus fantasque ? » La question posée, l'esprit alors passe la porte et explore en tous sens ; ce que l'on a un moment supposé devient ainsi réalité, à notre grand étonnement et pour notre plus grande joie : les animaux sont différents, les animaux peuvent être multiples... Voilà l'imagination débridée, et ce dont elle s'empare, elle ne le lâche plus aisément, force nous est bien de subir jusqu'au bout ses caprices...

Un être nouveau! pourquoi pas?

*Le héros de la nouvelle de Maupassant intitulée
le Horla sent autour de lui une présence mystérieuse,
inquiétante, et réfléchit sur les phénomènes étranges
qu'il constate.*

Un être nouveau! pourquoi pas? Il devait venir assu-
rément! pourquoi serions-nous les derniers? Nous ne le
distinguons point, ainsi que tous les autres créés avant
nous? C'est que sa nature est plus parfaite, son corps
plus fin et plus fini que le nôtre, que le nôtre si faible,
si maladroitement conçu, encombré d'organes toujours
fatigués, toujours forcés comme des ressorts trop
complexes, que le nôtre qui vit comme une plante et
comme une bête en se nourrissant péniblement d'air,
d'herbe et de viande, machine animale en proie aux
maladies, aux déformations, aux putréfactions, poussive,
mal réglée, naïve et bizarre, ingénieusement mal faite,
œuvre grossière et délicate, ébauche d'être qui pourrait
devenir intelligent et superbe.

Nous sommes quelques-uns, si peu sur ce monde,
depuis l'huître jusqu'à l'homme. Pourquoi pas un de
plus, une fois accomplie la période qui sépare les appa-
ritions successives de toutes les espèces diverses?

Pourquoi pas un de plus? Pourquoi pas aussi
d'autres arbres aux fleurs immenses, éclatantes et
parfumant des régions entières? Pourquoi pas d'autres
éléments que le feu, l'air, la terre et l'eau? — Ils sont
quatre, rien que quatre, ces pères nourriciers des êtres!
Quelle pitié! Pourquoi ne sont-ils pas quarante, quatre
cents, quatre mille! Comme tout est pauvre, mesquin,
misérable! avarement donné, sèchement inventé, lourdement fait! Ah! l'éléphant, l'hippopotame, que de
grâce! Le chameau, que d'élégance!

Mais, direz-vous, le papillon! une fleur qui vole!
J'en rêve un qui serait grand comme cent univers, avec
des ailes dont je ne puis expérimenter la forme, la
beauté, la couleur et le mouvement. Mais je le vois...
il va d'étoile en étoile, les rafraîchissant et les embau-

mant au souffle harmonieux et léger de sa course !...
Et les peuples de là-haut le regardent passer, extasiés
et ravis !

Maupassant
Le Horla (Le Livre de Poche, p. 40-41)

> *Quelle est l'idée qui amène l'auteur à rêver d'êtres inconnus ? Le monde décrit dans la deuxième moitié du texte ressemble-t-il à celui que nous connaissons ? En quoi est-il différent ? Pourquoi se termine-t-il sur la description d'un papillon ?*

Visages des animaux

> *Autre rêverie sur la réalité ; là encore, le poète ne se satisfait plus du monde tel qu'il est.*

Visages des animaux
Si bien modelés du dedans à cause de tous les mots
       que vous n'avez pas su dire,
Tant de propositions, tant d'exclamations, de surprise
       bien contenue,
Et tant de secrets gardés et tant d'aveux sans formule,
Tout cela devenu poil et naseaux bien à leur place,
Et l'humidité de l'œil,
Visages toujours sans précédent tant ils occupent l'air
       hardiment !
Qui dira les mots non sortis des vaches, des limaçons,
       des serpents,
Et les pronoms relatifs des petits, des grands éléphants.
Mais avez-vous besoin des mots, visages non bour-
       donnants,
Et n'est-ce pas le silence qui vous donne votre sereine
       profondeur,
Et ces espaces intérieurs qui font qu'il y a des vaches
       sacrées et des tigres sacrés.
Oh ! je sais que vous aboyez, vous beuglez et vous
       mugissez
Mais vous gardez pour vous vos nuances et la source
       de votre espérance

Sans laquelle vous ne sauriez faire un seul pas, ni
respirer.
Oreilles des chevaux, mes compagnons, oreilles en
cornets
Vous que j'allais oublier,
Qui paraissez si bien faites pour recevoir nos confidences
Et les mener en lieu sûr,
Par votre chaud entonnoir qui bouge à droite et à
gauche...
Pourquoi ne peut-on dire des vers à l'oreille de son
cheval
Sans voir s'ouvrir devant soi les portes de l'hôpital.
Chevaux, quand ferez-vous un clin d'œil de connivence
Ou un geste de la patte.
Mais quelle gêne, quelle envie de courir à toutes jambes
cela produirait dans le monde
On ne serait plus jamais seul dans la campagne ni en
forêt
Et dès qu'on sortirait de sa chambre
Il faudrait se cacher la tête sous une étoffe foncée.

Jules Supervielle
La Fable des animaux (Gallimard, NRF)

> *Quel est l'aspect du réel que déplore le poète ? En quoi
> ce regret est-il lié à la dernière partie du poème, à
> l'apostrophe aux « oreilles des chevaux » ? Comment
> comprenez-vous le titre ?*

Un oiseau

> *Autre rêverie, mais ici l'action du poète sur le monde ne
> reste pas imaginaire : le monde s'en trouve réellement
> transformé.*

Un oiseau. l'œil du poète
S'en empare promptement,
Puis le lâche dans sa tête,
Ivre, libre, éblouissant.

18

Qu'il chante, qu'il ponde, qu'il
Picore, mélancolique,
D'invisibles grains de mil
Dans les prés de la musique,

Quand il regagne sa haie,
Jamais cet oiseau n'oublie
Les heures qu'il a passées
Voltigeant dans la féerie

Où les rochers nourrissaient
Leurs enfants de diamant,
Où chaque nuage ornait
D'une fleur le ciel dormant.

On trouvera l'oiseau mort
Avant les froids de l'automne,
Le plaisir était trop fort,
C'est la mort qui le couronne.

Henri Thomas
Poésies (Gallimard, NRF, p. 76)

> *En quoi les vers 2 et 3 expriment-ils l'essentiel du texte ? Comment la composition du poème enchevêtre-t-elle étroitement réel et imaginaire ?*

___

L'habitude

> *Puis, le réel n'existe même plus, car le poète n'a nul besoin de ce prétexte pour créer son monde intérieur.*

Toutes mes petites amies sont bossues
Elles aiment leur mère.
Tous mes animaux sont obligatoires,
Ils ont des pieds de meuble
Et des mains de fenêtre.
Le vent se déforme,
Il lui faut un habit sur mesure,

Démesuré.
Voilà pourquoi
Je dis la vérité sans la dire.

Paul Eluard
Mourir de ne pas mourir (Gallimard, NRF)

> *Quels sont les jeux de mots que vous pouvez trouver
> dans ce texte ? Quels sont les rapports entre les divers
> aspects de la réalité évoqués ici ? Comment comprenez-
> vous le dernier vers ?*

Cavalcade

> *Voilà le rêve libéré, on entre totalement dans l'univers
> de l'imaginaire, un monde purement verbal sans rap-
> port avec le réel.*

Un cheval de lune
Courait sur le sable
Un poulain d'écume
Trottait sur la grève,
Au trot, au trot, au galop.

Un cheval d'ivoire
Courait dans le soir,
Un cavalier rouge
Traversait l'automne,
Au trot, au trot au galop.

Un cheval de pluie
Courait dans la nuit
Un coursier de verre
Labourait la mer,
Au trot, au trot, au galop.

Et tous les enfants
Poursuivaient en rêve

Toutes ces crinières
Libres dans le vent,
Au trot, au trot, au galop.

Louis Guillaume

Quel est le rapport entre la description des chevaux et les paysages évoqués ? Sur le même modèle que celui des chevaux rêvés ici, essayez d'associer d'autres chevaux à des paysages.

Je t'apporte des animaux

Ainsi le rêve est un cadeau, peut-être un des plus beaux que l'on puisse faire.

Je t'apporte des animaux
Que j'ai sortis du zoo
Qui ont des cornes étranges
Des fronts de citadelle
Des forêts de cactus
Par dessus leurs oreilles

Chaque oreille écoute un écho
D'un astre ou du volcan Tycho [1]

Leurs naseaux reniflent
Les vents de la Rose

Mes animaux sont en toisons qui font pâlir
La Toison d'Or [2]

Leurs yeux sont ceux des enfants
C'est-à-dire des perles

Chaque tête a la couleur de sa liberté
Et dans ses reins le feu de l'amour

---

1. Nom d'un volcan.
2. Toison d'un bélier ailé de la mythologie grecque.

Mes animaux jouent sur une carte postale
Aux devinettes

Où sont-ils ?

Sur la côte du Coromandel [3] ?

Ou dans la tourbe de l'océan ?

Je t'apporte des soldats en vignettes
Des camarades gravés sur du bois du santal

Des estampes, des écrans
Qui manipulent leurs mondes
Au profond de leurs perspectives

Je t'apporte des lanternes
Magiques de mille bougies
Des mains qui sont danseuses
Des papillons sans épingles
Des oiseaux de paradis toujours prêts à voler
Des porteurs d'eau pas plus haut que trois pommes

Mais surtout je t'apporte
Les animaux de ma forêt
Qui sont toujours joyeux et libres

Et je t'apporte un peu de soldats de plomb
Les survivants des guerres massacrées

Je t'apporte surtout des oiseaux vivants
Collés aux cheveux des victoires de pierre.

Jean-Pierre Voidies
Contes et poèmes pour mon petit garçon (Ed. du Pavillon, p. 46-47)

> *Pouvez-vous reconnaître les animaux que le poète
> apporte à son enfant ? Pourquoi ? Mettez en rapport les
> animaux évoqués ici et les éléments de l'univers.
> Relevez les expressions qui évoquent la liberté.*

---

3. Côte est de l'Inde sur le golfe du Bengale.

Les métamorphoses humoristiques

La première des surprises, c'est de se rendre compte que ce monde de l'animal qui paraissait, à l'observateur superficiel ou distrait, si différent du nôtre, n'est, en fait, pas très loin de nous et qu'il suffit de peu de choses pour, sous le comportement animal, percevoir des attitudes humaines et réciproquement... On redécouvre avec étonnement ce que l'on n'aurait jamais dû oublier : l'homme, lui aussi, est un animal — qui se croit supérieur aux autres, certes — mais un animal tout de même, aux comportements tout aussi surprenants ou comiques pour un observateur impartial. Alors, l'esprit mêle les familles et voit sous l'homme l'animal et sous l'animal, l'homme ; on ne sait plus très bien où l'on en est : mieux vaut en rire ! Les poètes ne s'en privent pas dont les œuvres abondent en cette espèce d'ironie qui rend imprévisibles des animaux, qu'ils soient connus ou inconnus, des hommes-animaux, ou des animaux-hommes... Qui pourrait décider à quelle variété ils appartiennent, ces êtres fantaisistes et moqueurs ?

LE CLIN D'ŒIL DE L'IMAGINAIRE

Les usuriers

Monstres à formes d'oiseaux,
Dans leurs grandes cages noires,
Les usuriers.

Il y a le Toupet Blanc (Grand Usurier Royal)
Et l'Usurier-Vautour des grandes plaines
Et la torpille vulgaire qui dévore ses enfants
Et l'Usurier à la queue cendrée, en forme de dague,
Qui dévore ses parents,
Et le Vampire-Cormoran
Qui suce du sang et vole sur la mer.

Dans l'oisiveté forcée
De leurs énormes cages noires
Les usuriers comptent et recomptent leurs plumes
Et se les prêtent mutuellement à intérêt.

Nicolas Guillen
Le Grand Zoo (Seghers, p. 29)

> *Qu'est-ce qu'un usurier ? Qu'ont de commun, entre eux, les différents oiseaux évoqués ? Quel est le rapport entre ces oiseaux et les usuriers ? Connaissez-vous des expressions populaires qui, elles aussi, introduisent le même rapport ?*

Animaux fantastiques sont

> *De ce regard, commence à surgir une réalité différente, déjà fantasque [1].*

---

1. Qui a des caprices, des fantaisies bizarres.

Animaux fantastiques sont
Le molubec, le plumeçon,
La gicandouille qui pendouille
Au croc aigu de l'hameçon.

L'homme ? C'est l'animal qui trinque,
La femme : l'animal qui ment,
Mais connais-tu l'ornithorynque,
Le connais-tu suffisamment ?

Ce mammifère monotrème
Aux pieds palmés, dont le museau
Rappelle tant celui-là même
De nos canards de basses eaux.

Et l'orphie, dis, la connais-tu
Qui te dis disciple d'Orphée [2] ?
Poissons à becs fins et pointus,
Animaux des contes de fées,

Et l'unicorne ou bien licorne
Cabrée sur les siècles défunts
Dont l'œil d'une perle s'adorne
Et la toison de clairs parfums,

Et mon chat Papillon, de plume,
De braise et de ronron dormant,
Si bien roulé dans ma coutume
Qu'il n'y pèse point — quasiment.

Maurice Fombeurre
Pendant que vous dormez... (Poésie/Gallimard, p. 16)

> *Cherchez dans un dictionnaire, les animaux évoqués ici qui existent réellement, que remarquez-vous ? Comment peut être formé le mot « molubec » et « plumeçon »? Essayez de fabriquer, de la même façon, d'autres noms d'animaux.*

---

2. Poète de la mythologie grecque dont le chant était si beau qu'il avait le pouvoir de charmer tous les animaux. Est le symbole du poète.

Encore d'étranges animaux

Le monde du rêve et celui du réel sont-ils d'ailleurs si différents et les frontières peuvent-elles être bien nettes ?

L'oiseau dans sa cage est loquace
Mais il se tait soudain devant
Le chat qui passe et qui repasse
La moustache et l'oreille au vent.

Libellule à tête de mort
Frémis à la pointe des songes.
Non ! Tout ce qui griffe et qui mord
Ça ne vaut pas la fausse oronge.

D'autres aiment l'ornithorynque
Ou le tatou cher aux forains,
L'araignée d'eau, la coloquinte [1]
Et les bestiaires souterrains.
Le cavalier choie sa cavale
Mais il en choit aussi parfois.
Effrayé le baudet dévale
A grand bruit la rue des Trois Rois,
Mais la fourmi trotte dans l'ombre
Vers les abricots rubescents.
La souris marche à pas sans nombre
Au-dessus des convalescents.

Dans les greniers criblés d'étoiles
Clairs de lune de bout en bout
S'y pose, écrue comme la toile
Souvent, la chouette — et le hibou...

Maurice Fombeurre
Pendant que vous dormez... (Poésie/Gallimard, p. 27)

---

1. Plante ressemblant à la pastèque, mais amère et purgative ; elle est surtout employée pour les animaux.

Comparez ce texte au texte précédent : les animaux évoqués ici sont-ils partiellement imaginaires ? Qu'est-ce, à votre avis, qui justifie le titre ? Essayez de trouver l'idée qui relie toutes ses évocations en apparence disparates et que le poète a malicieusement soulignée par le jeu de mots des vers 13-14. Cherchez alors les expressions qui la reprennent tout au long du texte.

Le coq

Même les animaux créés artificiellement par l'homme dépassent leur créateur.

Je vais fabriquer un coq de clocher,
Il sera tout noir au soleil couché,

Il sera tout blanc au soleil levant
Et d'argent brillant à midi tapant.

Vous ai-je assez dit que je vous aimais !
Mon coq de clocher ne parle jamais.

A Londres, Paris, vous ai-je attendue !
Lui, ne commet pas la moindre bévue.

J'ai perdu le Nord, il me le rendra,
Nous irons ensemble où ça nous plaira.

Henri Thomas
Poésies (Poésie/Gallimard, p. 199)

Quel est le rapport entre la personne à laquelle s'adresse le poète et le coq de clocher qu'il veut fabriquer ? Que signifie l'expression populaire : « perdre le nord » ? Comment cette expression relie-t-elle l'égarement sentimental du poète à son désir de créer un compagnon fidèle ?

27

DES ANIMAUX IMPRÉVISIBLES

L'imaginaire finit donc par déborder le réel : il devient bien difficile de s'y retrouver dans un monde où rien n'est comme il devrait être.

La tortue

La tortue passe, en peignoir à carreaux, rapide quoi qu'on en dise et ne cesse de rabâcher la même histoire qui est celle que son mari raconte à son sujet, qu'elle est une paresseuse, une idiote, qu'elle le trompe avec un gendarme. En quoi il est méchant et injuste. Et il a vingt ans de plus qu'elle : s'il mourait, il débarrasserait bien. D'ailleurs, c'est chose faite depuis ce matin.

Pierre Chabert
La poésie française d'humour (Poésie 1, p. 27)

La tortue évoquée ici a-t-elle dans ses comportements quelque attitude qui rappelle une tortue véritable ?

―――――――――

Le centaure

Oui ! J'ai rencontré le Centaure ! c'était sur une route de Bretagne : les arbres ronds étaient disséminés sur les talus. Il est couleur café au lait ; il a les yeux concupiscents et sa croupe est plutôt la queue d'un serpent que le corps d'un cheval. J'étais trop défaillant pour lui parler et ma famille nous regardait de loin, plus effrayée que moi. Soleil ! que de mystères tu éclaires autour de toi.

Max Jacob
Le cornet à dés (Poésie/Gallimard)

Nous voilà en pleine fantaisie, non seulement monde humain et animal ne sont plus distincts, mais de plus ils se moquent de nos facultés de connaissance.

La fourmi

Une fourmi de dix-huit mètres
Avec un chapeau sur la tête,
Ça n'existe pas, ça n'existe pas.
Une fourmi traînant un char
Plein de pingouins et de canards,
Ça n'existe pas, ça n'existe pas.
Une fourmi parlant français
Parlant latin et javanais,
Ça n'existe pas, ça n'existe pas
Éh ! Pourquoi pas ?

Robert Desnos
Chantefables et chantefleurs (Gründ, p. 42)

Connaissez-vous des fables où l'on puisse rencontrer des animaux ayant un comportement peu différent de celui qui est refusé ici ? Quel est l'effet produit par les répétitions de « Une fourmi... », de « ça n'existe pas... » ? Y a-t-il contradiction entre le dernier vers et l'ensemble du texte ?

La queue d'Yboumbouni

Le père de Diandia, malade, a besoin pour guérir, d'une queue d'Yboumbouni. Diandia va en chercher une.

L'Yboumbouni est un animal plus beau qu'aucun autre et d'une taille très élevée. Il est assez fort pour porter cent éléphants. La queue est longue et touffue comme celle d'un cheval et ornée de cauris [1] très blancs et de

1. Coquillage qui servait de monnaie en Afrique noire et fréquemment utilisé pour décorer les objets rituels ou magiques.

perles d'or. Il se sert de cette queue pour paralyser les mouvements des animaux qu'il chasse. Quand il est près d'atteindre la bête poursuivie, il fait brusquement volte-face et les crins de sa queue viennent s'entortiller autour des membres de sa proie et l'immobilisent.

Le petit Diandia marche sept cents ans du côté du Levant, car c'est de ce côté que viennent les choses extraordinaires et, par suite, qu'il pouvait rencontrer tous les yboumbouni. Il arrive enfin dans la forêt que ceux-ci habitent.

Il trouve la mère des yboumbouni toute seule. Les jeunes étaient partis à la chasse quand il arriva.

Il expose le but de sa visite à la mère yboumbouni. « Tu auras ce que tu désires ! » lui promet celle-ci. Je vais te cacher dans le canari [2] à viande séchée. Ne fais pas le moindre bruit, sinon mes petits te découvriraient et tu serais vite dévoré.

A minuit, quand tous les yboumbouni sont endormis, leur mère va couper la queue au plus jeune et vient la remettre à Diandia. Le petit sort alors du canari et la mère yboumbouni le met sur le bon chemin. Il part en courant.

Tous les matins, les jeunes yboumbouni, en se réveillant chantaient à tour de rôle leur chanson. Au réveil, le plus grand commence à chanter :
« Je vais voir si ma queue chasse-bœufs est toujours là
Si ma queue chasse-éléphants est là tout entière.
Figuilan dianyeu. La mienne y est ! »

Chacun répète cette chanson jusqu'au dernier qui, ne trouvant pas sa queue, termine ainsi son couplet :
« Figuilan dianyeu ! La mienne n'y est pas ! »

Tous alors suivent la piste de Diandia en flairant le sol. Comme ils allaient atteindre le petit, celui-ci se retourne et les voit. Alors il chante :
« O père ! O père ! l'yboumbouni va me manger !
Puisque au lieu de sa queue tu ne m'as pas demandé
Celle du bœuf sauvage, non ! non ! non !
Celle du koba, non ! non ! non !
Celle de l'éléphant, non ! non ! non ! »

---

2. Récipient à nourriture.

Cette chanson plut beaucoup aux yboumbouni. « Nous allons chercher notre mère, disent-ils, pour qu'elle entende chanter un être humain ». Pendant qu'ils revenaient sur leurs pas, Diandia fuyait de toute la vitesse de ses jambes...

Blaise Cendrars
Anthologie nègre (Denoël, p. 130)

Possible-Impossible

> *Un chasseur a attrapé un oiseau qui parle et dit s'appeler Possible-Impossible, mais il n'arrive pas à le faire cuire et va le jeter dans la forêt.*

Hélas ! ce ne fut pas un petit oiseau qui sortit de la marmite mais une immense bête, avec une gueule épouvantable. Cette bête avala le chasseur, puis se dressant sur ses pattes, mangea la lune. Il faisait nuit noire.

Alors, la « bête-qui-fait-peur » se mit à marcher. Elle faisait plus de bruit que le tonnerre avec sa queue longue de cent coudées. Quand elle arrivait dans une forêt, elle avalait la forêt, et quand elle arrivait au bord d'un fleuve, elle avalait le fleuve. Rien ne l'arrêtait, elle passait partout. Quand elle arrivait devant une montagne, elle avalait la montagne. Elle avala le lac, puis la plaine et ne fit qu'une lampée du marigot[1] et de tous les pots cassés qui étaient dedans ; enfin, elle se trouva dans le village des hommes et, comme les coqs allaient se mettre à chanter pour donner l'alarme, elle avala tous les coqs. Elle n'en fit qu'une bouchée. Alors, elle redevint un oiseau, mais un gros oiseau, un gros

----

1. Bras secondaire d'un fleuve dans les régions tropicales, qui ne se remplit qu'à la saison des hautes eaux.

oiseau de nuit, gris cendré, qui alla se percher sur le baobab, au beau milieu du village.

Blaise Cendrars
Petits contes nègres (Denoël, Œuvres complètes, II, p. 24)

> *Quel est le rapport entre le début du conte et le comportement du Possible-Impossible ? D'après les éléments donnés ici, comment vous représentez-vous Possible-Impossible ?*

—————————

Le phoque

> *On s'achemine vers un bestiaire du délire verbal qui tend à prendre la place de toute réalité.*

J'ai les yeux d'un vrai veau marin
Et de Madame Ygrec l'allure
On me voit dans tous nos meetings
Je fais de la littérature
Je suis phoque de mon état
Et comme il faut qu'on se marie
Un beau jour j'épouserai Lota
Du matin au soir l'Otarie
    Papa Maman
Pipe et tabac crachoir caf' conc' [1]
    Laï Tou

Guillaume Apollinaire
Quelconqueries (Ph. Soupault, *Guillaume Apollinaire*, Cahiers du Sud)

> *Que signifie l'expression populaire « être un vrai veau »... ? Relevez toutes les expressions ironiques du texte. Notez les expressions et les particularités de prononciation qui font de ce texte une parodie de français familier.*

—————————

[1]. Contraction familière de café-concert : autrefois, dans certains cafés se produisaient des orchestres chargés de distraire la clientèle.

Les métamorphoses verbales

Le rire libéré, la parole se débonde, voilà que l'animal, paradoxalement, en est lui-même prisonnier : de point de départ, il devient prétexte dans un bestiaire où les noms ne servent plus qu'à nommer eux-mêmes et y prennent plaisir ; l'animal est le jouet des mots. Sa métamorphose est ici purement verbale, le mot le crée et le fait vivre le temps d'une chanson ; le mot le tue, le mot se livre à des cabrioles effrénées et si, parfois, il retombe sur ses pieds, il arrive également que plus rien ne le retienne et qu'il s'envole, échappant aux lois rationnelles et sensées de notre monde... Tout s'affole dans ce monde de fous, et l'animal, comme les autres, ne peut y échapper : s'il est parfois nommé comme l'une de ces bêtes que l'on peut apercevoir autour de nous, il s'avère bien vite, à l'observation, une illusion, la forme tourbillonnante et imprécise créée par une tempête de mots.

Et cependant... cependant, dans ces tornades, derrière ces déluges, en filigrane, se devine déjà autre chose... oh ! on continue de jouer, mais la conviction n'y est plus ; le jeu, trop poussé, a brisé en nous quelque chose, une faille quelque part apparaît, le rire, lentement, se transforme en grimace et tend à devenir sérieux.

33

LES COMPTINES

Les mots ne servent plus qu'à faire naître d'autres mots et les animaux deviennent les jouets du langage humain.

Une poule sur un mur

Une poule sur un mur
A pondu quatorze œufs frais
Mais pendant qu'elle pondait,
Le soleil d'août les cuisait.

Une poule sur un mur
A couvé quatorze œufs durs.
Il en sortit des poulets
Aussi durs que des galets.

C'est depuis lors que l'on voit,
Folle encor de désarroi,
Une poule sur un mur
Qui picote du pain dur,

C'est depuis lors que l'on voit
Picoti et picota
Une poule qui cent fois
Grimpe au mur et saute en bas.

Maurice Carême
A cloche-pied (Bruxelles, chez l'Auteur)

Le chemin des chevaux

N'as-tu pas un cheval blanc
Là-bas dans ton île ?

Une herbe sauvage
Croît-elle pour lui ?

Ah ! comme ses crins flottants
Flottent dans les bras du vent
Quand il se réveille !
Il dort comme un oiseau blanc
Quelque part dans l'île.

J'ai beau marcher dans la rue
Comme tout le monde,
C'est l'herbe, l'herbe inconnue
Et le cheval chevelu
Couleur de la lune
Qui sont de chez moi, là-bas
Dans une île ronde.
Caparaçonnés, au pas, au galop,
Je ne connais pas tes quatre chevaux.

Tu vas à Paris,
La chanson le dit,
Sur ton cheval gris.

Tu vas à la Haye
Sur la jument baie.

Et je ne sais où
Sur le poulain roux.

Mais mon cheval blanc
Nuit et jour m'attend
Au seuil de mon île.

Sabine Sicaud
Anthologie de la poésie féminine française (Stock)

> *Comment comprenez-vous le titre ? Que suggère le
> mot « chemin » ? Le mot « île » est répété quatre fois
> dans le texte : à quels endroits est-il placé ? Comprenez-
> vous pourquoi ? Pourquoi ce terme prend-il, ici, tant
> d'importance ? A qui Sabine Sicaud s'adresse-t-elle
> en employant la seconde personne du singulier ?
> Pourquoi l'auteur oppose-t-il ici le cheval blanc aux
> autres chevaux du texte ? Relevez tous les mots et
> toutes les expressions qui peuvent servir à traduire
> une impression de rêve.*

Le tamanoir

Nous sommes ici très près des véritables comptines, ou même des fatrasies, ces poèmes où les mots se bousculent dans une joyeuse sarabande.

Avez-vous vu le tamanoir ?
Ciel bleu, ciel gris, ciel blanc, ciel noir,
Avez-vous vu le tamanoir ?
Œil bleu, œil gris, œil blanc, œil noir,
Avez-vous vu le tamanoir ?
Vin bleu, vin gris, vin blanc, vin noir,
Je n'ai pas vu le tamanoir
Il est rentré dans son manoir
Et puis avec son éteignoir
Il a coiffé tous les bougeoirs :
Il fait tout noir.

Robert Desnos
Chantefables et chantefleurs (Gründ, p. 10)

Comparez à certaines comptines, par exemple : « Mistoufflette s'en va-t-à vêpres | Son grand livre sur la tête | Pain bis, pain blanc, | La plus belle s'en va dedans | Pain bis, pain d'or | La plus belle s'en va dehors. » Cherchez les sons qui se répètent dans « avez-vous vu » et « vin bleu, vin gris, etc... ». N'y a-t-il pas un rapport du même genre entre « ciel » et « œil » ? Comparez avec la fin d'autres comptines, par exemple : « Une souris verte | Qui courait dans l'herbe... Trempez-la dans l'huile | Trempez-la dans l'eau | Ça fera un escargot | Tout chaud », « Un - c'est pour toi le vin | Deux - c'est pour toi les œufs | Trois - c'est pour toi les oies | Quatre - c'est pour toi la claque | Cinq - c'est pour toi l'absinthe | Six - c'est pour toi les cerises | Sept - c'est pour toi l'assiette | Huit - c'est pour toi les huîtres | Neuf - c'est pour toi l'pied de bœuf | Tout neuf ».

DU MOT A L'ANIMAL

Maintenant le mot crée l'animal, et l'animal ne sert plus de prétexte au mot... Dans ce bestiaire, c'est la parole qui donne vie : « nommer c'est créer ».

Être ange

Être ange
c'est étrange
dit l'ange
Être âne
c'est étrâne
dit l'âne
Cela ne veut rien dire
dit l'ange en haussant les ailes
Pourtant
si étrange veut dire quelque chose
étrâne est plus étrange qu'étrange
dit l'âne
Étrange est
dit l'ange en tapant des pieds
Étranger vous-même
dit l'âne
Et il s'envole.

Jacques Prévert
Fatras (Le Livre de poche, p. 131)

Relevez dans ce texte tout ce qui fait de l'âne un animal extraordinaire. Quels sont les sons communs à « âne » et « ange » ?

_____

Les toves qu'est-ce que c'est ?

Et toute création devient possible, il suffit de changer les mots pour changer la faune. Ainsi, au Pays des Merveilles, Alice demande à Humpty Dumpty de lui

> *Il était grilheure ; les slictueux toves*
> *Gyraient sur l'alloinde et vriblaient :*
> *Tout flivoreux allaient les borogoves ;*
> *Les verchons fourgus bourniflaient.*

... Les toves, qu'est-ce que c'est ?

— Eh bien ! les toves sont un peu comme les blaireaux et un peu comme des lézards... avec quelque chose du tire-bouchon.

— Ils doivent être plutôt bizarres.

— Ils le sont en effet, dit Humpty Dumpty, ils font leur nid sous des cadrans solaires et se nourrissent de fromage.

— Et qu'est-ce que veut dire gyrer et vribler.

— Gyrer, c'est tourner en rond comme un gyroscope ; vribler, c'est faire des trous comme une vrille.

— Et l'alloinde, c'est la pelouse qui entoure le cadran solaire, je suppose, dit Alice, surprise de sa propre ingéniosité.

— Certes. Cela s'appelle une alloinde, vous comprenez, parce que c'est un peu comme une allée qui s'étendrait loin devant et loin derrière...

— Et loin de chaque côté, ajouta Alice.

— Exactement. Flivoreux veut dire frivole et malheureux (encore une valise [1]). Et un borogove est une sorte d'oiseau maigre, d'aspect misérable, avec des plumes piquées tout autour... quelque chose comme un balai vivant.

— Et alors, les verchons fourgus ? demanda Alice. Je m'excuse de vous donner tant de peine.

— Et bien ! un verchon est une sorte de cochon vert, mais fourgus, je ne sais pas trop ce que c'est. Je pense que c'est aussi un mot-valise contenant fourvoyés, égarés et perdus... pour dire qu'ils ont perdu leur chemin, vous comprenez.

— Et quel est le sens de bourniflaient ?

---

1. Humpty Dumpty vient d'expliquer qu'un mot-valise est l'emboîtement de deux mots différents : allée + loin de = alloinde.

— Bournifler, c'est quelque chose d'intermédiaire entre beugler et siffler, avec une sorte de toussotement et d'éternuement au milieu. D'ailleurs, vous l'entendrez peut-être... dans le bois, là-bas... et quand vous l'aurez entendu une fois, cela vous suffira.

Lewis Carroll
Alice au pays des merveilles (Casterman, l'Age d'or)

> *D'après les descriptions de Humpty Dumpty, comment vous représentez-vous les animaux qu'il évoque? Essayez de les dessiner. Même après les explications de Humpty Dumpty, le poème est-il compréhensible? Comment comprenez-vous la dernière phrase?*

Greffe générale

> *Le mouvement commencé au poème précédent se poursuit ici, tout se mêle et se confond dans un bestiaire extraordinaire.*

Des chaudrons de toutes formes fument un peu partout, histoire de se donner une contenance.

Des liqueurs mijotent dans des alambics au long bec.

Des formules bizarres, prises au piège dans des cercles de craie, font au tableau des signes désespérés.

— Bêe...

Un dromadaire miaule en agitant sa trompe.

— Hian!

Une chèvre rugit, sortant ses griffes.

Opticon manifeste un certain affolement.

Le greffiste le prend par le bras et l'entraîne.

— Parer le geai des plumes du paon, faire sortir le loup du boa, n'était que jeux d'enfant, bien sûr! Vous voyez ceci? Qu'est-ce que c'est?

— Je donne ma langue au chat.

Le greffiste rit et se rengorge.

— Très amusant. C'était un chat, justement. Ou plutôt une chatte. Je l'ai amputée des pattes, de la queue, de la tête puis de tout le tronc. Ces opérations ont toutes réussi et j'ai pu obtenir ce magnifique cul-de-chatte !

. . . .

Le rat est sorti de l'hôtel, le dindon de la farce, la grenouille du bénitier.

L'âne est chargé de reliques, le requin de la finance, le petit oiseau du photographe, la mule du pape.

Les hommes, ceux qui restaient bien sûr, en sont restés tout bêtes.

Roland Bacri
Opticon (Julliard, p. 23)

> *Quels sont les sons identiques dans « alambics » et « au long bec » ? Que signifie habituellement l'expression : « faire sortir le loup du bois » ? Que signifient ordinairement les expressions de l'avant-dernier vers ? Pouvez-vous en trouver d'autres du même genre et continuer le poème ?*

—————————

DES MOTS EN FOLIE

> *Il n'y a plus alors de limite et le texte devient un jeu fou dans lequel l'animal se modifie au gré des fantaisies passagères de l'auteur.*

Chanson du jardinier fou

Il croyait voir un Éléphant
Un éléphant jouer du fifre ;
Regardant mieux, il voit que c'est
Une lettre de son épouse :
« De cette vie, enfin, dit-il,
J'éprouve l'amertume ! »

Il s'imaginait voir un Buffle
Gambader sur la cheminée ;
Regardant mieux, il voit que c'est
Du mari de sa sœur la nièce :
« Sortez d'ici, sinon, dit-il,
J'appelle la police ! »

Il croyait voir un Serpent à sonnettes
Qui le questionnait en grec ;
Regardant mieux, il voit que c'est
Le milieu de la prochaine semaine :
« Je n'ai qu'un regret, c'est, dit-il,
Qu'il ne puisse parler ! »

Il croyait voir un Employé de Banque
Qui de l'omnibus descendait ;
Regardant mieux, il voit que c'est
Un hippopo-potame :
« S'il reste à déjeuner, dit-il,
Que va dire ma femme ! »

Il croyait voir un kangourou
Faire tourner un moulin à café ;
Regardant mieux, il voit que c'est
Une pilule végétale.
« Pour avaler cela, dit-il,
Il faut aller bien mal ! »

Il croyait voir un coche à six chevaux,
Non loin de sa couche arrêté ;
Regardant mieux, il voit que c'est
Un ours décapité.
« Pauvre bête, dit-il, pauvre bête stupide !
Elle attend son dîner ! »

Il croyait voir un Albatros
Voler autour de la lampe ;
Regardant mieux, il voit que c'est
Un timbre-poste de deux sous :

« Vous devriez, dit-il, rentrer ;
Les nuits sont très humides ! »

Lewis Carroll
(L'Herne, n° 17)

> *Justifiez le titre. Pourquoi, toutes les strophes sont-elles bâties sur le même modèle : « Il croyait voir... Regardant mieux... dit-il » ? Y a-t-il une différence importante entre les deux parties de chaque strophe ?*

Chanson du chat

Il est une bebête
Ti li petit nenfant
Tirelan
C'est une byronette
La beste à sa moman
Tirelan
Le peu Tinan faon
C'est un ti blanc-blanc
Un petit potasson ?
C'est mon goret
C'est mon pourçon
Mon petit potasson.

Il saut' sur la fenêtre
Et grome du museau
Pasqu'il voit sur la crête
S'découper les oiseaux
Tirelo
Le petit n'en faut
c'est un ti bloblo
Un petit Potaçao
C'est mon goret
C'est mon pourceau
Mon petit potasseau.

42

Il va mord'le papère
Pour être un peu fessé,
Il a plein le darrière
De grains d'café cassés
Tirelé
Le petit n'enflé
C'est un ti blébléé
Un petit potacé ?
C'est mon goret
C'est mon pourcé
Mon petit Pot-à-C.

J'te s'couerai les oreilles
J'te r'tourn'rai l'trou du cu
L'Arsace et la Loreille
N'sont qu'un pays d'coculs,
Tirelu
Le petit n'en fu
C'est un ti blublu
Un petit Pot-à-Süe
C'est mon goret
C'est mon pour sûr
Mon petit Pot-à-Sûr.

Morale
Il a reçu de l'iau de l'iau
De l'iau mon coco
Sur-sa têtête,
Il a r'çu de l'iau de l'iau de l'iau
De l'iau mon coco
Sur
Son tasseau !

Léon-Paul Fargue
Poésies (Poésie/Gallimard, p. 59)

> *Peut-on, au cours du texte, retrouver quelques uns
> des comportements habituels d'un chat ? Quel parler
> imite le poète ? Pourquoi ? Pourquoi ce titre ?*

43

Les insectes du miroir

... Allons donc, quelles sont ces créatures qui font du miel en bas ? Ce ne peut être des abeilles — Personne n'a jamais distingué des abeilles à un kilomètre de distance —. Elle resta quelque temps silencieuse, à observer l'une d'elles qui s'affairait parmi les fleurs, enfonçant sa trompe dans leur cœur, « tout à fait comme si c'était une abeille normale » pensa Alice.

Toutefois, ce n'était pas une abeille, en fait, c'était un éléphant comme Alice le constata bientôt, ce qui eut pour conséquence, au premier abord, de lui couper la respiration. « Faut-il que les fleurs soient énormes » pensa-t-elle ensuite, quelque chose comme des maisons dont on aurait enlevé le toit et auxquelles on aurait mis une tige, et quelle quantité de miel ils doivent faire ! Je pense que je vais descendre et — non, pas tout de suite. Elle s'arrêta juste au moment où elle se mettait à courir et, s'efforçant de trouver une excuse à cette hésitation soudaine, elle pensa : « A quoi bon descendre sans une bonne branche bien solide pour les chasser... Et comme ce sera amusant quand on me demandera si je suis contente de ma promenade. Je dirai : Oh, oui ! Je suis assez contente... (là-dessus, elle eut son petit hochement de tête favori), seulement il y avait tant de poussière et il faisait si chaud, et les éléphants étaient si insupportables !

Lewis Carroll
Alice au pays des merveilles (Casterman, l'Age d'or)

> *L'explication que fournit Alice pour justifier sa vision (« Faut-il que les fleurs soient énormes ») est-elle utile ? Comment comprenez-vous la dernière phrase ? Quels sont au juste ces animaux ?*

———————

Climat, faune et flore de la lune

> *Et puisque nous pouvons tout imaginer sur notre terre, pourquoi épargner les astres qui nous entourent ?*

Salut, lointains crapauds ridés, en sentinelles
Sur les pics, claquant des dents à ces tourterelles
Jeunes qu'intriguent vos airs ! Salut, cétacés
Lumineux ! et vous, beaux comme des cuirassés,
Cygnes d'antan, nobles témoins des cataclysmes ;
Et vous, paons blancs cabrés en aurores de prismes ;
Et vous, Fœtus voûtés, glabres contemporains
Des Sphinx brouteurs d'ennuis aux moustaches d'airain,
Qui, dans le clapotis des grottes basaltiques,
Ruminez l'Enfin ! comme une immortelle chique !

Oui, rennes aux andouillers de cristal ; ours blancs
Graves comme des Mages, vous déambulant,
Les bras en croix vers les miels du divin silence !
Porcs-épics fourbissant sans but vos blêmes lances ;
Oui, papillons aux reins pavoisés de joyaux
Ouvrant vos ailes à deux battants d'in-folios [1] ;
Oui, gélatines d'hippopotames en pâles
Flottaisons de troupeaux éclaireurs d'encéphales ;
Pythons en intestins de cerveaux morts d'abstrait ;
Bancs d'éléphas moisis qu'un souffle effriterait !
. . . .

O Fixe ! on ne sait plus à qui donner la palme
Du lunaire ; et surtout, quelle leçon de calme !
Tout a l'air émané d'un même acte de foi
Au néant Quotidien sans comment ni pourquoi !
Et rien ne fait de l'ombre, et ne se désagrège ;
Ne naît, ni ne mûrit ; tout vit d'un Sortilège
Sans foyer qui n'induit guère à se mettre en frais
Que pour des amours blancs, lunaires et distraits...

Jules Laforgue
L'Imitation de Notre-Dame la Lune (A. Colin, Bibliothèque de Cluny)

> *Notez les expressions qui établissent un lien entre un*
> *animal et la lumière lunaire. Expliquez comment l'au-*
> *teur traduit l'impression exprimée aux vers 25-26 :*

---

1. « In-folio » se dit d'une feuille d'impression qui, ayant été pliée une fois,
forme 2 feuillets ou 4 pages. Se dit du format et du livre obtenu avec cette feuille.

« Et rien ne fait... ni ne mûrit. » Ces deux impressions :
lumière lunaire et immobilité, concourent-elles à l'unité
du poème ?

LE RIRE SÉRIEUX

*Mais le rire a trop bouleversé l'homme et dans ces
remuements prend forme une certaine inquiétude.*

La faune

Et toi, que manges-tu, grouillant ?
— Je mange le velu qui digère le pulpeux
qui ronge le rampant.

et toi, rampant, que manges-tu ?
— Je dévore le trottinant, qui bâfre l'ailé
qui croque le flottant.

Et toi, flottant, que manges-tu ?
— J'engloutis le vulveux qui suce le ventru
qui mâche le sautillant.

Et toi, sautillant, que manges-tu ?
— Je happe le gazouillant qui gobe le bigarré
qui égorge le galopant.

Est-il bon, chers mangeurs, est-il bon,
le goût du sang ?
— Doux, doux ! tu ne sauras jamais
Comme il est doux, herbivore !

Geo Norge
Famines (La Haye, Stols)

*Pouvez-vous mettre des noms d'animaux précis sur les
évocations du texte ? Connaissez-vous d'autres verbes
qui évoquent l'action de se nourrir ? Et des verbes
décrivant des attitudes animales ? Essayez avec ceux
que vous avez pu trouver de continuer le poème.*

L'ogre

Cette inquiétude — là encore au travers de la nourri-
ture — modifie l'aspect même de l'animal.

L'ogre avait beau manger,
Avaler, dévorer,

Des chevreuils vivants,
Des ventres d'enfants,

Des yeux de taureau,
Des fleurs de sureau ;

Il avait beau manger
Jusqu'aux plumes du geai,

Rien ne rendait
Sa chair plus gaie

Guillevic
Terraqué (Poésie/Gallimard)

Quel est le nombre de pieds des huit premiers vers ?
et des deux derniers ? Remarquez la composition des
quatre premières strophes : la strophe 4 est un écho
de la strophe 1 ; les strophes 2 et 3 sont des énuméra-
tions dans lesquelles jouent également de nombreux
échos sonores : cherchez-les. Quels effets produit cette
architecture ?

———————

On comprend maintenant que le jeu a assez duré.
Si nous avons cru, un moment, que l'on pouvait,
impunément, manier le verbe et s'en distraire, laisser
libre cours à notre imagination pour notre plus grand
plaisir... il faut bien déchanter et avouer qu'au fond
de toute parole humaine, même sous les apparences les
plus facétieuses, se cachent des interrogations inquié-
tantes et redoutables : la vie est pleine d'ambiguïté.

Bombe atomique

Voici la bombe. Regardez-la.
Elle se repose, somnolant. S'il vous plaît
ne la provoquez pas
avec des bâtons, des perches, des poinçons,
des pierres. Il est interdit
de lui jeter des aliments.
Attention aux mains,
aux yeux !

Personne ne tient compte
des avis et mises en garde
de la Direction.
Pas même le ministre.

La présence ici de cet animal
est un énorme danger.

Nicolas Guillen
Le Grand Zoo (Seghers, p. 89)

N'y a-t-il pas des animaux redoutables, même si nous pensons les avoir apprivoisés ? Quel animal évoque la description ci-dessus ? Quels effets produisent les coupures des phrases, par exemple aux vers 2 et 3, 4 et 5, 7 et 8 ? Pourquoi la précision du vers 12 (« Pas même le ministre ») est-elle utile ?

Des animaux réels

L'on ressort du jeu pour revenir à la réalité mais, moins moqueurs cette fois-ci, moins prêts à rire, la tête pleine de questions et même d'une certaine inquiétude, attentifs à tous les signes qui, en l'animal pourraient être révélateurs de quelque chose d'autre... Le chat, par exemple, ce compagnon de notre vie quotidienne, ce chat paisible ne porte-t-il pas en lui des témoignages d'une vie plus complexe et plus riche que celle que nous lui prêtions jusqu'alors ? Sous la présence familière se révèle maintenant l'insoupçonné et, dans cette bête si calme l'on devine que dorment des forces inconnues et redoutables ; notre chat, méconnu, devient mystérieux et effrayant.

Apprenons donc à regarder, le monde n'est peut-être pas tel qu'il nous semble et, lorsque l'on sait voir, les comportements quotidiens d'animaux réels ne laissent pas d'être surprenants et pleins d'étrangetés ; d'ailleurs, l'homme lui-même...

LE CHAT PAISIBLE

Voici notre chat familier, celui que nous côtoyons quotidiennement.

Le chat

Je souhaite dans ma maison :
Une femme ayant sa raison,
Un chat passant parmi les livres,
Des amis en toute saison
Sans lesquels je ne peux pas vivre.

Guillaume Apollinaire
Le Bestiaire ou Cortège d'Orphée (Poésie/Gallimard)

Pourquoi Apollinaire a-t-il intitulé son poème « Le chat » et non pas « une femme » ou « des amis » ? Comment vous apparaît le chat souhaité par le poète ? Pourquoi « une femme », « un chat » et « des amis » ?

Sonnet du chat

Le chat lutte avec une abeille
autour de sa fourrure,
je vois l'azur et ses merveilles,
un arbre, une mâture.

La mer apporte à mon oreille
le bruit des aventures
que nous vivons si tu t'éveilles,
témérité future.

Je me consacre aux vertes îles,
favorables au sage
qui sait trouver un dieu tranquille

entre palme et rivage.
Le chat s'en va, brillant et beau,
pour guetter les oiseaux.

Henri Thomas
Poésies (Poésie/Gallimard, p. 74)

> *Quelles expressions indiquent que le chat fait, ici, « partie du paysage » ? Quel est le rapport entre le chat et le rêve du poète ?*

Au ras des bêtes

Quand s'éloignent les horizons
Soleils à portée d'arbalètes,
Quand cumulent les déraisons
Je mets ma main dans les toisons,
Les pelages soyeux des bêtes,

Je regarde leurs yeux de sables,
De phosphores incandescents,
Leur doux sérieux de responsables
Et la paix sur mon cœur descend
Comme des fleuves carrossables.

Quand les ciels se teintent de mauve
Qu'en tristesse approche la nuit
Oui, chaque soir mon chat me sauve
Noir d'encre, d'Erèbe [1] ou d'ennui
D'un coup de son mufle de fauve,

D'une patte ange sur ma main
Qui me regonfle de confiance
Et me réarme pour demain,
Lance la loterie de chance,
Sans bruit, me montre le chemin

---

1. Partie la plus obscure de l'enfer dans la mythologie.

Habitant une grande, sombre
Ville de sommeil et d'amour
Prisonnier du chiffre et du nombre
Sa douceur de sombre Pandour [2]
Ses yeux d'or éblouis dans l'ombre
Me refont lutteur et badour [3]
Fort et doux, le cœur plein de cendres.

Maurice Fombeure
Pendant que vous dormez... (Poésie/Gallimard, p. 114)

> *Comment l'auteur peut-il passer « des bêtes » du début du texte à son « chat » ? « Les horizons », « Soleils », « des fleuves », « les ciels » : quel peut-être le rôle de ces pluriels inhabituels ?*

LE CHAT FAMILIER ET LOINTAIN

> *Regardons-le mieux et, au détour de ses attitudes, nous verrons alors apparaître des gestes qui nous étonnent et nous surprennent quelque peu.*

Le chat

Le mien ne mange pas les souris ; il n'aime pas ça. Il n'en attrape une que pour jouer avec.

Quand il a bien joué, il lui fait grâce de la vie, et il va rêver ailleurs, l'innocent, assis dans la boucle de sa queue, la tête bien fermée comme un poing.

Mais, à cause des griffes, la souris est morte.

Jules Renard
Histoires naturelles (Garnier-Flammarion, n° 150)

> *Quelle contradiction contient le texte ? Ne trouve-t-on*

---

2. Soldat d'infanterie hongrois ; dans la conscience populaire, mercenaire qui représente l'homme grossier et brutal.
3. Des badours sont des tenailles moyennes.

pas dans cette esquisse des images très proches de quelques-unes du poème d'Eluard : « Chat », cité plus loin. Pourquoi l'auteur termine-t-il son texte par l'adjectif « morte » ?

Un chat noir et blanc

Des gestes qui révèlent une nature double, déjà légèrement inquiétante : nous commençons à nous méfier...

Un chat noir et blanc,
— couleur de la vie —
simule tranquille
auprès du jasmin
son juste repos.
Blotti au matin
dans l'ombre qui penche
au plaisir des branches
un chat souple et faux
guette les oiseaux
et chasse au jardin

Géo Libbrecht
Des livres cachés (Le Miroir des Poètes)

Qu'apporte ici la précision de la couleur du chat ? Est-ce simplement une notation pittoresque ? Pourquoi l'auteur ouvre-t-il une parenthèse au vers 2 ? Quels sont les termes qui donnent une note inquiétante à ce chat ?

Chat

Pour ne poser qu'un doigt dessus
Le chat est bien trop grosse bête.
    Sa queue rejoint sa tête,
    Il tourne dans ce cercle
    Et se répond à la caresse.

Mais la nuit, l'homme voit ses yeux
    Dont la pâleur est le seul don.
Ils sont trop gros pour qu'il les cache
Et trop lourds pour le vent perdu du rêve.

    Quand le chat danse
C'est pour isoler sa prison
    Et quand il pense
C'est jusqu'au mur de ses yeux.

Paul Eluard
Les Animaux et leurs hommes (Gallimard, NRF, p. 43)

──────────────

Chat roux

Chat roux,
Pierre rouillée
Boule de rouille
Chaque matin, je te vois en partant,
Guettant le temps qui vient ou la souris.

Lors un matin, je vis à tes côtés
Un gros chat noir aux yeux étincelants
Qui diabolique a fixé mon regard
Pour bien me dire

Si mon chat roux a bien l'âme servile,
Moi, le chat noir, je l'ai pris pour esclave.

Nul n'est mon maître
Vois mon œil vert flamboie !

Christine Darnis-Gravelle
(Prométhée n° 1, p. 42)

> *Habituellement que représentent le roux et le noir ?*
> *Relevez tous les termes qui indiquent un regard ; pour-*
> *quoi sont-ils si nombreux ? Quel être des légendes*
> *suggèrent ces chats ?*

LE CHAT MYSTÉRIEUX

Le chat devient donc inquiétant, porteur de menaces et de forces que l'homme essaie de cerner.

Patte

Le chat s'établit dans la nuit pour crier,
Dans l'air libre, dans la nuit, le chat crie.
Et, triste, à hauteur d'homme, l'homme entend son cri.

Paul Eluard
Les Animaux et leurs hommes (Gallimard, NRF, p. 30)

_____

Le chat dans la pénombre

Le chat dans la pénombre
A la tombée du jour
Abandonnait sa faim,

Rentrait dans son mensonge
Et devenait immense.

Guillevic
Terraqué (Poésie/Gallimard, p. 170)

Mais cela n'est pas toujours aisé... A cette interrogation de l'homme, l'animal oppose un visage fermé, difficilement pénétrable et qui, cependant, laisse percer d'étranges pouvoirs.

_____

A une chatte

Chatte blanche, chatte sans tache,
Je te demande, dans ces vers,

55

Quel secret dort dans tes yeux verts,
Quel sarcasme sous ta moustache.

Tu nous lorgnes, pensant tout bas
Que nos fronts pâles, que nos lèvres
Déteintes en de folles fièvres,
Que nos yeux creux ne valent pas

Ton museau que ton nez termine,
Rose comme un bouton de sein,
Tes oreilles dont le dessin
Couronne fièrement ta mine.

Pourquoi cette sérénité ?
Aurais-tu la clef des problèmes
Qui nous font, frissonnants et blêmes,
Passer le printemps et l'été ?

Devant la mort qui nous menace,
Chats et gens, ton flair, plus subtil
Que notre savoir, te dit-il
Où va la beauté qui s'efface,

Où va la pensée, où s'en vont
Les défuntes splendeurs charnelles ?...
Chatte, détourne tes prunelles ;
J'y trouve trop de noir au fond.

Charles Cros
Le Coffret de santal (Poésie/Gallimard, p. 100)

> *Quelle est la question que se pose le poète ? Quel est,*
> *devant cette question, le comportement des chats ?*
> *celui des hommes ? Comment expliquer cette différence ?*

_____

Les chats

Les amoureux fervents et les savants austères
Aiment également, dans leur mûre saison,

Les chats puissants et doux, orgueil de la maison,
Qui comme eux sont frileux et comme eux sédentaires.

Amis de la science et de la volupté,
Ils cherchent le silence et l'horreur des ténèbres ;
L'Érèbe [1] les eût pris pour ses coursiers funèbres,
S'ils pouvaient au servage incliner leur fierté.

Ils prennent en songeant les nobles attitudes
Des grands sphinx [2] allongés au fond des solitudes,
Qui semblent s'endormir dans un rêve sans fin ;

Leurs reins féconds sont pleins d'étincelles magiques,
Et des parcelles d'or, ainsi qu'un sable fin,
Étoilent vaguement leurs prunelles mystiques.

Baudelaire
Les Fleurs du mal (Sonnet LXVI)

> *Quels sont les sujets des phrases de la première strophe ?*
> *Ceux de la deuxième strophe ? Ceux des phrases de*
> *la quatrième strophe ? Quels changements remarquez-*
> *vous ? D'après cette composition, qu'est-ce qui unit*
> *les amoureux les savants et les chats ?*

Rêve de chats

> *De là, cette ouverture à l'imaginaire, puisque l'animal*
> *se révèle différent de ce que nous avons trop longtemps*
> *cru, et, en même temps, infiniment plus complexe,*
> *plus riche de possibilités. Comment, les questions*
> *posées, ne pas essayer d'y répondre en recueillant tout*
> *détail qui nous ferait entrouvrir la porte de ces mystères ?*

Qu'un chat qui dort est joli,
il dort avec des pattes et un poids,

---

1. Cf. p. 51, note 1.
2. Monstre à tête d'homme et corps de lion, dont la plus célèbre représentation
se trouve en Égypte, au pied des Pyramides de Gizeh, rocher sculpté haut de
17 m et long de 39 m.

il dort avec ses ongles cruels,
et avec son sang sanguinaire,
il dort avec toutes les bagues
qui comme des cercles brûlés
construisent la géologie
d'une queue couleur de sable.

Je voudrais dormir comme un chat
avec tous les poils du temps,
avec la langue du silex,
avec le sexe sec du feu,
et après n'avoir parlé à personne,
m'étendre sur tout le monde,
sur les tuiles et la terre
tendu intensément
à chasser les rats du rêve.

J'ai vu comment ondulait,
en dormant, le chat : la nuit
courait en lui comme l'eau obscure,
et parfois il allait tomber,
il allait peut-être se jeter
dans les bourrasques nues,
il a peut-être grandi tellement en dormant
comme un bisaïeul de tigre
et il a dû sauter dans les ténèbres
sur des toits, des nuages et des volcans.

Dors, dors, chat nocturne
avec tes cérémonies d'évêque,
et ta moustache de pierre :
ordonne tous nos rêves,
dirige l'obscurité de nos prouesses endormies
avec ton cœur sanguinaire
et le long cou de ta queue.

Pablo Neruda
Vaguedivague (Gallimard, NRF, p. 98-99)

> Quelle est l'image qui fait passer le texte d'une simple
> description du chat à une vision universelle ? Le premier
> vers est-il en accord avec la dernière strophe ?

DU RÉEL A L'IMAGINAIRE

Renvoyés à nous-mêmes, pourquoi alors ne pas créer un monde autre, tel que nous le voudrions ?

Le chat-agneau

J'ai un animal curieux, moitié chaton, moitié agneau. C'est un héritage de mon père. En ma possession il s'est entièrement développé ; avant il était plus agneau, que chat. Maintenant, il est moitié-moitié. Du chat il a la tête et les griffes, de l'agneau la taille et la forme ; de tous deux les yeux, qui sont sauvages et pétillants, la peau suave et ajustée au corps, les mouvements ensemble sautillants et furtifs. Couché au soleil, dans le creux de la fenêtre, il se pelotonne et ronronne ; à la campagne il court comme un fou et personne ne peut l'atteindre. Il fuit les chats et il veut attaquer les agneaux. Durant les nuits de lune sa promenade favorite est la gouttière du toit. Il ne sait pas miauler et il déteste les souris. Il reste des heures et des heures à l'affût devant le poulailler, mais il n'a jamais commis d'assassinat.

Je le nourris avec du lait ; c'est ce qui lui réussit le mieux. Il boit le lait à grandes gorgées entre ses dents d'animal de proie. Naturellement, c'est un vrai spectacle pour les enfants. L'heure de sa visite est le dimanche matin. Je m'assieds avec l'animal sur mes genoux et tous les enfants du voisinage m'entourent.

On pose alors les questions les plus extraordinaires, auxquelles personne ne peut répondre : pourquoi il n'y a qu'un seul animal de cette sorte, pourquoi c'est moi son maître et non pas un autre, s'il y a eu avant un animal semblable et qu'arrivera-t-il après sa mort, s'il ne se sent pas seul, pourquoi il n'a pas d'enfants, comment il s'appelle, etc... Je ne prends pas la peine de répondre : je me limite à montrer ce que je possède, sans autre explication. Quelquefois les enfants amènent des chats ; une fois ils ont été jusqu'à amener deux agneaux. Contre leurs espérances, il n'y a pas eu de scènes de reconnaissance. Les animaux se regardèrent avec douceur de leurs yeux d'animaux, et ils s'acceptèrent mutuellement comme un fait divin. Sur mes genoux l'animal ignore la crainte et l'instinct de poursuite. Blotti contre moi, c'est ainsi qu'il se sent le mieux. Il s'attache à la famille qui l'a élevé. Cette fidélité n'est pas extraordinaire : c'est l'instinct naturel d'un animal qui, ayant sur la terre d'innombrables liens politiques, n'en a pas un seul consanguin, et pour qui l'appui qu'il a trouvé chez nous est sacré.

Quelquefois je dois rire quand il renifle autour de moi, quand il s'emmêle dans mes jambes et ne veut pas s'éloigner de moi. Comme s'il n'avait pas assez d'être chat et agneau, il veut être chien. Une fois — ceci arrive à tout le monde — je ne voyais pas le moyen de sortir de difficultés économiques. J'en étais au point d'en finir avec tout. Cette idée en tête je me balançais dans le fauteuil de ma chambre, l'animal sur mes genoux ; j'ai pensé à baisser les yeux et j'ai vu des larmes qui gouttaient dans ses grandes moustaches. Étaient-ce les siennes ou les miennes ? Ce chat à l'âme d'agneau a-t-il l'orgueil d'un homme ? Je n'ai pas hérité gros de mon père, mais ce legs vaut la peine qu'on en prenne soin.

Il a l'inquiétude des deux, celle du chat et celle de l'agneau, bien qu'elles soient très différentes. C'est pourquoi il est mal à l'aise dans sa peau. Quelquefois il saute vers le fauteuil, il appuie les pattes de devant contre mon épaule et il approche son museau de mon oreille. C'est comme s'il me parlait, et, en fait, il tourne la tête et me regarde avec déférence pour observer l'effet de sa communication. Pour lui faire plaisir je fais comme si je l'avais compris et je bouge la tête. Alors il saute à terre et bondit autour de moi.

Peut-être que le couteau du boucher serait une rédemption pour cet animal, mais il représente mon héritage et je dois la lui refuser. C'est pour cela qu'il faudra attendre jusqu'à mon dernier soupir, bien qu'il me regarde parfois avec des yeux humains, raisonnables, qui m'inciteraient à l'acte raisonnable.

Franz Kafka
(Cité par J.-L. Borges dans Manuel de Zoologie fantastique, *10/18, p. 67-69)*

Que représente généralement l'agneau ? Cette image est-elle en harmonie avec celle du chat ? Quelles sont, dans le texte, les expressions qui pourraient être employées pour l'un quelconque de ces deux animaux et permettent ainsi de les unir malgré leurs différences ?

Les becs-rouges-tampons

Si l'on regarde autour de soi, le monde réel a, bien souvent, une apparence fantastique.

Les becs-rouges-tampons blancs sont plus légers et mieux formés que le moineau, avec des plumes serrées qu'aucun vent ne peut soulever.

Les becs-rouges-tampons blancs ont une spécialité. Dès qu'il y en a deux d'installés sur un rameau (et quand il y en a un, l'instant d'après il y en a deux), l'un se recule (oh, un très petit recul) latéralement sur le rameau et sans tourner la tête.

L'autre aussitôt se déplace (oh, un tout petit déplacement, comme était le recul, cinq à six millimètres).

Ils passent ainsi des heures. Car il n'y a pas qu'un rameau sur un arbre. Dès qu'un rameau a épuisé ses possibilités de jeu, au suivant !

Et pas de vilains pépiements de moineaux ; non, parfois, rarement, un petit « tac »... pour montrer qu'on n'est pas du vide. Et quoique petit, il n'a pas cette agitation épileptique [1] de la tête qui nous rend les moineaux si sots et tellement étrangers.

Il se tient, quand il est seul, extraordinairement tranquille, et comme « occupé », quoiqu'il ne fasse rigoureusement rien.

Henri Michaux
Un barbare en Asie (Gallimard, NRF, p. 140)

---

1. L'épilepsie est une maladie nerveuse qui se manifeste par des tremblements, des convulsions, des mouvements désordonnés.

Les Yahous

Et même l'homme, auquel nous sommes tellement habitués, pourrait paraître étrange à un observateur non-humain.

J'aperçus quelques animaux dans un champ, et un ou deux de la même espèce perchés sur un arbre. Leur figure me parut singulière, difforme, et me causa une certaine crainte ; en sorte que je me cachai derrière un fourré afin de les observer plus à mon aise. Quelques-uns s'étant un peu approchés de la place où j'étais, je pus les examiner à loisir.

De longs cheveux leur tombaient sur le visage et sur le cou ; ces cheveux étaient chez les uns frisés, et plats chez les autres ; leur poitrine, leur dos et leurs pattes de devant étaient couverts d'un poil épais ; ils avaient de la barbe au menton comme des boucs ; mais le reste de leur corps était sans poil, et laissait voir une peau d'un brun fauve, et une longue raie de poil sur le derrière, excepté autour de l'anus, apparemment pour garantir cette partie lorsqu'ils s'asseyaient ; car ils faisaient usage de cette posture, ou bien ils se couchaient ou se tenaient debout sur leurs pattes de derrière : ils sautaient, bondissaient et grimpaient aux arbres avec l'agilité des écureuils, ayant des griffes très longues et crochues aux pattes de devant et de derrière. Les femelles étaient un peu plus petites que les mâles ; elles avaient de fort longs cheveux lisses, le visage sans poil, et seulement un peu de duvet en plusieurs endroits de leur corps. Leurs mamelles pendaient entre leurs pattes de devant et quelquefois touchaient la terre lorsqu'elles marchaient. Le poil brun des uns et des autres était de diverses couleurs, brun, rouge, noir et blond. En somme, ces animaux me semblèrent les plus laids et les plus dégoûtants que j'eusse jamais vus, et aucune autre espèce ne m'avait fait éprouver une antipathie aussi prononcée...

Swift
Les Voyages de Gulliver (Ed. Rencontre, p. 247-248)

Vers une zoologie différente

Cette fois-ci, fini de rire. Le rire qui devait nous protéger s'est retourné contre nous et s'est changé en inquiétude ; il nous faut bien nous rendre compte de notre peu de certitudes : qui sait ce qu'est la moindre chose ? Sous ses habituelles étiquettes, nous devons avouer que la faune nous réserve bien des surprises.

Que penser, alors, de ce que nous ne connaissons pas encore ? quelles richesses ne sont-elles pas contenues au-delà de nos sciences ?... Peut-être moins sûrs d'eux que nous ne le sommes aujourd'hui de nous-mêmes — dans notre conviction d'avoir tout découvert de notre monde — nos ancêtres acceptaient les possibilités d'existence, ailleurs, d'animaux non encore connus d'eux ; et les récits de voyages, transmis de bouche à oreille, déformés de génération en génération, ont peu à peu contribué à donner vie à cette faune fantastique qui envahit le monde et, aujourd'hui, commence à occuper l'espace... Où est le réel, où est l'imaginaire ? Les animaux les plus divers se croisent et donnent naissance à des variétés inconnues ou composites, les animaux se développent, prennent dans l'espace des proportions démesurées ou, au contraire, se réduisent et disparaissent à nos yeux : ainsi naissent les dragons, les licornes, les basilics, ainsi surgissent les bêtes légendaires, celles dont la création est si forte qu'elle imprègne la mémoire des peuples et s'y maintient, comme une obsession, la marque même de l'inconnu toujours prêt à devenir possible parmi les multiples événements imprévisibles d'une existence... L'animal est déjà en nous : plus qu'un produit de l'imaginaire, il est l'imagination ; il est la défense de l'homme face à un monde qui, trop souvent, le dépasse.

LES DESCRIPTIONS SCIENTIFIQUES

> *Des poètes donc se mettent à refaire le monde, à l'imaginer autre, à nous le transmettre et cela avec une précision et une rigueur presque scientifiques.*

L'iriselle

Nous voyant arriver, Félicité rangea une page qu'elle couvrait mystérieusement de figures et de chiffres.

Ensuite, prenant dans une corbeille pour les aligner sur la table quatre œufs de grosseur moyenne dont la coquille, très opaque, semblait épaisse et dure, elle ouvrit la porte d'une grande cage d'où sortit un oiseau à plumage multicolore.

Ayant vaguement, en plus menu, l'apparence majestueuse d'un paon, l'animal nous fut donné par Canterel comme une iriselle — femelle de l'iriseau, gallinacé bornéen qui, appartenant à une espèce mal étudiée, tire son nom des mille tons variés de son tégument.

Prodigieusement développé, l'appareil caudal, sorte de solide armature cartilagineuse, s'élevait d'abord verticalement, pour s'épanouir vers l'avant à sa région supérieure, créant au-dessus du volatile un véritable dais horizontal. La partie interne était nue, alors que, de l'extérieur, partaient de longues plumes touffues rejetées en arrière ainsi qu'une fabuleuse chevelure. Très affûtée, l'extrême portion antérieure de l'armature formait, parallèlement à la table, un solide couteau un peu arqué. Horizontalement fixée contre le revers du dais par plusieurs vis perçant ses bords, une plaque d'or retenait ballante sous elle, par quelque déroutante aimantation, une lourde masse d'eau qui, pouvant représenter un demi-litre, se comportait, malgré son volume, comme une simple goutte au bout d'un doigt quand approche l'instant de la chute. Arrêtée en face du premier œuf, l'iriselle, s'inclinant comme pour un salut excessif, attaqua doucement la coquille avec le tranchant de sa queue puissante, qu'elle plongeait en avant bien au-delà de sa tête. Rencontrant de la résistance, elle recommença plus sec, sans approcher toutefois de son pouvoir maximum — exécutant d'effarantes contorsions pour faire glisser avec pénétration sur la solide carapace qu'elle prétendait couper l'arête courbe du couteau. Ces incohérents brimbalements perturbaient la masse d'eau, qui, furieusement ballottée en tous sens, enveloppait l'œuf puis s'étalait sur la table — ne désertant jamais la plaque d'or qu'elle suivait en l'air, chaque fois que la queue reprenait de l'élan.

Après une série d'efforts, d'ailleurs savamment mesurés, la coquille, enfin entamée, montra une légère fissure.

Faisant quelques pas, l'iriselle s'en prit de la même façon au second œuf, dont la coque se coupa d'emblée. Le troisième ayant triomphé de tentatives similaires et toujours prudentes, elle éprouva le dernier, bientôt doté d'une mince entaille due à l'engin habituel. Durant l'équipée entière, l'eau, malgré de fantastiques trémoussements, était fidèlement restée collée à la plaque d'or.

Placée dans la cage par Félicité, le seul œuf demeuré intact fut rejoint par l'iriselle, qui se mit à le couver, pendant que Luc allait jeter dans la rivière les trois autres, maintenant sans valeur.

Raymond Roussel
Locus Solus (Gallimard)

Les rongeurs musicaux

> *Un naufragé, chimiste, Bex, se promène avec un jeune noir, Fogar, qui allume une sorte de chandelle confectionnée avec un fruit exotique.*

La chandelle, posée debout sur une pierre plate, faisait entendre, en brûlant, des crépitements sonores et prolongés rappelant exactement le bruit du tonnerre.

Le chimiste s'approcha, intrigué par les étranges propriétés du fruit combustible qui parodiait à s'y méprendre la fureur d'un violent orage.

65

Tout à coup une galopade retentit sous les futaies, et Bex vit apparaître une bande d'animaux noirs, qui, trompés par la foudre mensongère, regagnaient leurs terriers en toute hâte.

Quand la troupe fut à sa portée, Fogar lançant une pierre au hasard, tua net un rongeur, qui resta étendu sur le sol tandis que ses congénères s'enfouissaient dans leurs trous innombrables.

Après avoir éteint la mèche végétale, dont la bruyante carbonisation n'avait plus d'utilité, l'adolescent ramassa le rongeur, qu'il mit sous les yeux de Bex.

L'animal, présentant une lointaine ressemblance avec l'écureuil, portait, sur presque toute la longueur de l'épine dorsale, une crinière noire, touffue et dure.

En examinant les crins, le chimiste remarqua certaines nodosités bizarres, capables sans doute de produire les sons doubles qui piquaient fort sa curiosité.

Au moment de quitter la place, Fogar, sur le conseil de son compagnon, ramassa la chandelle éteinte, dont il n'avait consumé qu'une faible portion.

Revenu à Ejur[1], Bex voulut vérifier sur l'heure l'assertion de son jeune guide.

Il choisit sur le dos du rongeur plusieurs crins à nodosités différentes.

Ensuite, cherchant à obtenir une sorte de support résonant, il tailla deux minces planchettes de bois qu'il colla l'une contre l'autre afin de les percer ensemble d'imperceptibles trous régulièrement espacés.

Ce travail achevé, chaque solide crin traversa facilement la double surface, puis fut épaissement noué sur lui-même à ses deux extrémités en vue d'un emprisonnement durable.

Les planchettes, s'écartant le plus possible, furent maintenues par deux montants verticaux et déterminèrent soudain une forte tension des crins transformés en cordes musicales.

Fogar fournit lui-même certaine branche souple et fine qui, ramassée au sein du Béhuliphruen puis sectionnée dans le sens de la longueur, offrait une surface interne parfaitement lisse et un peu poisseuse.

---

1. Comme plus bas, Béhuliphruen, pays imaginaire d'Afrique.

Coupé avec soin par Bex, un des fragments de la brindille devint un fragile archet, qui bientôt attaqua sans peine les cordes du luth minuscule si rapidement agencé.

Suivant la prédiction de Fogar, tous les crins vibrant isolément, produisaient deux notes simultanées d'égale sonorité.

Raymond Roussel
Impressions d'Afrique (© J.-J. Pauvert, Le Livre de Poche, p. 277)

> *Comment comprenez-vous que plus le phénomène — ou l'objet — décrit est invraisemblable, plus le nombre de termes techniques augmente ?*

Un ver étrange

> *Skarioffszky est également naufragé en Afrique et recherche, lui aussi, les curiosités naturelles du pays où il se trouve.*

Skarioffszky approchait son bras droit de sa face en prononçant quelques mots d'appel remplis de douceur.

On vit alors le bracelet de corail, qui n'était autre qu'un immense ver épais comme l'index, dérouler de lui-même ses deux premiers anneaux et se tendre lentement jusqu'au Hongrois..

Skarioffszky éloigna le ver toujours adhérent à son bras et le plaça sur le bord de l'auge en mica.

Le reptile gagna l'intérieur du récipient vide, en faisant suivre le restant de son corps qui glissait avec lenteur autour de la chair du tzigane.

Bientôt l'animal boucha complètement la rainure de l'arête inférieure avec son corps allongé horizontalement et soutenu par deux minces rebords formés par les plaques rectangulaires.

Le Hongrois hissa non sans peine la lourde terrine, dont il versa tout le contenu dans l'auge brusquement pleine à déborder.

Plaçant alors un genou en terre et baissant la tête de côté, il déposa la terrine vide sous la cithare [1], en un point strictement déterminé par certain coup d'œil dirigé de bas en haut sur le revers de l'instrument.

Ce dernier devoir accompli, Skarioffszky, lestement redressé, mit les mains dans ses poches, comme pour se borner désormais au rôle de spectateur.

Le ver, livré à lui-même, souleva soudain, pour le faire retomber aussitôt, un court fragment de son corps.

Certaine goutte d'eau, ayant eu le temps de se glisser par l'interstice, vint tomber lourdement sur une corde vibrante qui rendit au choc un *do* grave, pur et sonore.

Plus loin, un nouveau soubresaut du corps obturateur laissa fuir une seconde goutte, qui cette fois frappa un *mi* plein d'éclat...

Ainsi mis en forme, le ver commença une lente mélodie hongroise pleine de douceur tendre et langoureuse...

Le ver accomplissait toujours ses contorsions musicales, attaquant parfois deux notes en même temps, à la façon des citharistes professionnels dont chaque main est armée d'une baguette.

Plusieurs mélodies plaintives ou gaies succédèrent sans interruption à la première cantilène.

Raymond Roussel
Impressions d'Afrique (© J.-J. Pauvert, Le Livre de Poche, p. 60)

> *L'animal décrit ici est-il invraisemblable ? Ne connaissez-vous pas des animaux qui lui ressemblent ? En quoi cet animal est-il extraordinaire ?*

------

1. Instrument à cordes dépourvu de manche.

DES ANIMAUX COMPOSITES

Au besoin, on créera de nouvelles espèces que l'on ira chercher dans quelques contrées encore inexplorées ou sur la surface mystérieuse de quelque planète inconnue.

Un monstre chantant

Le chant était déjà fort, et l'épaisseur très dense, en sorte qu'il ne pouvait presque plus voir à un mètre devant lui, quand la musique cessa subitement. Il entendit un bruit de broussailles qui se cassaient. Il se dirigea rapidement dans cette direction, mais il ne vit rien. Il avait presque décidé d'abandonner sa recherche quand le chant recommença un peu plus loin. A nouveau il se dirigea vers lui ; à nouveau le chanteur garda le silence et se cacha. Il y avait plus d'une heure qu'il jouait à cette sorte de cache-cache quand son effort fut récompensé.

Avançant avec précaution en direction d'un de ces chants puissants, il aperçut enfin à travers les branches fleuries une forme noire. S'arrêtant quand elle cessait de chanter, et avançant de nouveau avec précaution quand elle reprenait son chant, il la suivit pendant dix minutes. Finalement, ignorant qu'il était épié, le chanteur fut devant lui. Il était assis, droit comme un chien, et il était noir, lisse et brillant ; ses épaules arrivaient à la hauteur de la tête de Ransom ; les pattes de devant, sur lesquelles il était appuyé, étaient comme de jeunes arbres et les sabots qui reposaient par terre étaient larges comme ceux d'un chameau. L'énorme ventre était blanc, et au-dessus de ses épaules le cou s'élevait très haut, comme celui d'un cheval. D'où il était, Ransom voyait sa tête de profil ; la bouche ouverte lançait cette espèce de chant de joie, et ce chant faisait vibrer presque visiblement sa gorge lustrée. Il regarda émerveillé ces yeux humides, ces narines sensuelles. Alors l'animal s'arrêta, le vit et s'éloigna, s'arrêtant à quelques pas, sur ses quatre pattes, pas plus petites que celles d'un jeune éléphant, remuant une longue queue poilue. C'était le premier être de Perelandra qui semblait montrer une certaine crainte pour l'homme. Mais ce n'était pas de la peur. Quand il l'appela, il se rapprocha de lui. Il mit sa lèvre de velours sur sa main et il supporta son contact ; mais presque immédiatement il se retourna pour s'éloigner. En inclinant son long col il s'arrêta et il appuya sa tête entre ses pattes. Ransom vit qu'il ne tirerait rien de lui, et quand enfin il s'éloigna, le perdant de vue, il ne le suivit pas. Cela lui aurait semblé une injure faite à sa timidité, à la suavité soumise de son expression, à son désir évident d'être pour toujours un son et seulement un son, dans l'épaisseur centrale de ces forêts inexplorées. Ransom poursuivit sa route ; quelques secondes plus tard, le son recommença derrière lui, plus fort et plus beau que jamais ; comme un chant d'allégresse pour sa liberté recouvrée...

C.S. Lewis
Perelandra (cité par J.-L. Borges dans *Manuel de zoologie fantastique,* 10/18)

> *La beauté du chant vous semble-t-elle correspondre à l'image que l'on peut se faire de cet animal ? Pourquoi l'auteur le décrit-il avec autant de minutie ?*

───────────

Zorl

> *C'est le début d'une nouvelle qui raconte l'arrivée d'une fusée sur une planète inconnue ; ici, la fusée n'est pas encore arrivée.*

Zorl rôdait inlassablement. La nuit noire, sans lune et presque sans étoiles, cédait comme à regret sa place à une aube rougeâtre et désolée qui se levait à la gauche de Zorl. Pour le moment, la lumière naissante était pâle et n'annonçait aucune chaleur. Elle dévoilait, en s'étalant, un paysage de cauchemar.

Zorl se détacha, peu à peu, sur le fond des rochers

noirs et déchiquetés qui hérissaient la plaine nue. Un soleil d'un rouge pâle montait à l'horizon. Des doigts de lumière s'insinuèrent dans les coins les plus sombres du paysage. Zorl ne voyait toujours aucune trace de la tribu d'êtres pourvus d'id [1] qu'il suivait à la piste depuis près de cent jours.

Il s'arrêta enfin, glacé par cette réalité. Ses énormes membres de devant se crispèrent, et il fut traversé d'un frisson qui se communiqua jusqu'à chacune de ses griffes acérées comme des lames de rasoir. Les puissants tentacules qui partaient de ses épaules ondulèrent eux aussi. Zorl tourna d'un côté à l'autre sa grosse tête de chat et, sur chacune de ses oreilles, les poils vibrèrent fiévreusement, happant, pour les identifier, la petite brise vagabonde, la plus infime palpitation de l'atmosphère.

Rien. Pas le moindre frémissement ne parcourait le réseau de son système nerveux. Où qu'il se tournât, aucun indice ne lui laissait espérer la proximité des receleurs d'id, sa seule nourriture sur cette planète déserte. Désespéré, Zorl s'accroupit, et sa silhouette de gigantesque chat se découpa sur le ciel rougeâtre, comme la caricature d'un tigre noir dans un monstrueux théâtre d'ombres.

A.E. Van Vogt
La faune de l'espace (© Gallimard, J'ai lu, p. 5-6)

Pourquoi ce nom, Zorl ? Si vous aviez à désigner cet animal, comment le nommeriez-vous ? Pourquoi ? A quoi sert ici la description du paysage ?

Les oiseaux-femmes

Version moderne des sirènes, ces créatures de l'espace communiquent par la pensée avec la fusée des humains et leur adressent des images dangereuses. Un des

---

1. Il s'agit d'une substance dont se nourrit Zorl ; il ne la trouve que chez des êtres vivants ; lorsqu'ils meurent, elle disparaît aussitôt.

passagers, Grosvenor, grâce à un appareil servant
à capter les messages de pensée (le régleur d'encé-
phalien) réussit à projeter leur image sur un mur.

Une image apparut. C'était une image partiellement
double et, grâce au régleur d'encéphalien, Grosvenor
put l'étudier en toute tranquillité. Au premier abord, il
fut stupéfait : il s'agissait d'une forme très vaguement
humanoïde seulement et pourtant il comprenait pourquoi, la première fois qu'il l'avait vue, il avait tout de
suite pensé à une femme. Le double visage dont les
deux parties se chevauchaient était couronné d'une
houppe de plumes dorées. Mais la tête, tout en ayant
indubitablement la forme d'une tête d'oiseau, avait
quelque chose d'humain. Il n'y avait pas de plumes
sur le visage, lequel était couvert d'un réseau de veines.
L'apparence humaine provenait de ce que ces veines
étaient rassemblées en groupes et produisaient l'effet
de joues et d'un nez.

   La seconde paire d'yeux et la seconde bouche
étaient près de cinq centimètres au-dessus des premières.
Cela faisait comme une seconde tête qui serait sortie
de la première. Il y avait aussi une seconde paire d'épaules
et deux paires de bras courts qui se terminaient en de
très belles mains, longues et fines. L'effet de l'ensemble
restait féminin. Grosvenor se surprit à penser que les
bras et les mains des deux corps se séparaient probable-
ment d'abord. A ce moment, le second corps devenait
capacle de supporter son poids. « Parthénogenèse[1] »,
pensa-t-il. « Procréation autonome. Naissance d'un
bourgeon dans le corps de la mère et séparation d'avec
celle-ci pour former un nouvel être. »

   L'image projetée sur le mur présentait des vestiges
d'ailes : on distinguait des touffes de plumes aux
« poignets ». Le corps, étonnamment droit, était recouvert d'une tunique d'un bleu étincelant. Ce vêtement

---

1. Mode de reproduction animale sans fécondation.

dissimulait tous les autres vestiges d'un passé de volatile. Une chose était claire : cet oiseau était incapable
de voler.

A.E. Van Vogt
La faune de l'espace (© Gallimard, J'ai lu, p. 124)

> *Comment comprenez-vous les expressions « vestiges
> d'ailes », « passé de volatile » ? Que veut suggérer
> A.E. Van Vogt en les employant ? Qu'ajoute cette
> suggestion au merveilleux de la description ?*

Le sadhuzac

> *Les rêves deviennent réalités, visions obsédantes,
> comme celles de saint Antoine, ermite au désert : ici,
> paraît un grand cerf noir, à tête de taureau, qui porte
> entre les oreilles un buisson de cornes blanches.*

Le sadhuzac
— Mes soixante-quatorze andouillers [1] sont creux
comme des flûtes. Quand je me tourne vers le vent du
sud, il en part des sons qui attirent à moi les bêtes
ravies. Les serpents s'enroulent à mes jambes, les
guêpes se collent dans mes narines et les perroquets, les
colombes et les ibis s'abattent dans mes rameaux.
— Écoute.

Il renverse son bois, d'où s'échappe une musique inef-
fablement douce. Antoine presse son cœur à deux
mains. Il lui semble que cette mélodie va emporter son
âme.

Le sadhuzac
— Mais quand je me tourne vers le vent du nord,
mon bois plus touffu qu'un bataillon de lances, exhale
un hurlement ; les forêts tressaillent, les fleuves remon-

---

1. Ramifications des cornes du cerf et des autres animaux de la même famille.

tent, la gousse des fruits éclate, et les herbes se dressent comme la chevelure d'un lâche.
— Écoute !

Il penche ses rameaux d'où sortent des cris discordants...

Gustave Flaubert
La Tentation de saint Antoine (Le Livre de Poche, p. 68)

> *Pourquoi les expressions : « buisson », « rameaux », « bois », « touffu » employées au sujet des cornes du « cerf » ? Quel est le rapport entre ces expressions et le pouvoir musical de cet animal ?*

Le catoblepas

Buffle noir, avec une tête de porc tombant jusqu'à terre, et rattachée à ses épaules par un cou mince, long et flasque comme un boyau vidé.

Il est vautré tout à plat et ses pieds disparaissent sous l'énorme crinière à poils durs qui lui couvre le visage.

— Gras, mélancolique, farouche, je reste continuellement à sentir sous mon ventre la chaleur de la boue. Mon crâne est tellement lourd qu'il m'est impossible de le porter. Je le roule autour de moi, lentement ; et la mâchoire entr'ouverte, j'arrache avec ma langue les herbes vénéneuses arrosées de mon haleine. Une fois, je me suis dévoré les pattes sans m'en apercevoir.

Personne, Antoine, n'a jamais vu mes yeux, ou ceux qui les ont vu sont morts. Si je relevais mes paupières, — mes paupières roses et gonflées —, tout de suite, tu mourrais.

Gustave Flaubert
La Tentation de saint Antoine (Le Livre de Poche, p. 213)

> *Dans cette description, relevez les termes qui rendent le catoblepas déplaisant, répugnant même. A quelle légende de l'antiquité fait songer la précision du dernier*

paragraphe. Et tout, alors, se mêle dans un grouillement indescriptible et inattendu, toutes les espèces croisent et se multiplient.

Quelques animaux de la mythologie chinoise

Des chevaux

Le cheval Chou-hou, à face humaine, à ailes d'oiseau et à queue de serpent ; se plaît à soulever les hommes.

Le cheval Houan-chou dont le front porte une corne à écailles imbriquées ; préserve du feu.

Le cheval jaune, à pelage tigré ; il n'a qu'un seul œil et une seule patte de devant.

Le cheval pommelé Ki-leang, à crinière rouge, du Pays des Barbares-Chiens ; ses yeux ont la couleur et l'éclat de l'or ; qui l'aura chevauché vivra mille ans.

Le cheval Pouo, à pelage blanc, à queue noire ; il a une corne, les dents et les griffes d'un tigre ; son hennissement ressemble au son du tambour ; mangeur de tigres et de léopards ; préserve de l'atteinte des armes.

Le cheval aquatique du Mont K'ieou-jou, à dos noir, à pattes de devant zébrées, et à queue de taureau.

Des oiseaux

L'oiseau aux cinq couleurs du Mont du Cinabre Noir a la face et les cheveux de l'homme.

L'oiseau Fong-Houang au plumage de cinq couleurs ; ne se nourrit que de sa propre substance et danse au rythme de son chant ; son apparition présage la paix universelle.

L'oiseau Hiao, à quatre ailes, à œil unique, à queue de chien ; sa chair guérit les coliques.

L'oiseau Mong, son plumage est tacheté de rouge, de jaune et de vert ; se tient face à l'Est.

L'oiseau Pi-yi-niao qui ne peut voler que par couples ; son plumage est vert et rouge.

L'oiseau Souan-yu a l'aspect d'un serpent, avec quatre ailes, six yeux et trois pattes ; son apparition présage de grandes alarmes.

Les poissons

Le poisson Che-yu de la rivière Li-kouo ; sa chair tue quiconque en mange.

Le poisson Sieou-pi a l'aspect d'une grenouille à gueule blanche ; son cri ressemble à celui du hibou ; sa chair guérit la teigne.

Le poisson-buffle Lou a des ailes, une queue de reptile, meurt en hiver et renaît en été ; sa chair préserve des tumeurs.

Le poisson Ho-louo a dix corps pourvus d'une seule tête, aux aboiements de chien.

· Le poisson Houa à ailes d'oiseau, à cri de canard mandarin ; partout où il se manifeste éclate une vive lumière ; son apparition présage la grande sécheresse.

Le poisson Si-si a l'aspect d'une pie, et dix ailes dont les plumes se terminent en écailles ; il garantit du feu et sa chair préserve de la jaunisse.

Le poisson Tchou-pie a l'aspect d'une tranche de viande séchée, avec deux paires d'yeux et six pattes ; sa chair, d'une saveur aigre-douce, préserve des pestes.

Le poisson Yeou a l'aspect d'une poule à plumage rouge, à trois queues, six pattes et quatre têtes ; sa chair dissipe la tristesse.

Le Livre des Monts et des Mers
(Éditions du Centre d'Études Sinologiques de Pékin)

_____

LA MYTHOLOGIE

> *Cependant de ce chaos engendré par des esprits fantasques, émergent certains animaux qui s'imposent aux rêves des hommes, résistant au passage des siècles, ils deviennent symboles, présents dans de multiples légendes.*

Une licorne

Soudain mon cheval prit davantage appui sur le mors et allongea son galop ; j'essayai en vain de le contenir.

Ivre de cet espace offert ? J'avais plutôt le sentiment d'une course ou d'une poursuite. Alors j'entendis très loin en arrière mais qui se rapprochait, le roulement d'autres sabots. Je regardai par-dessus mon épaule : sur la piste parcourue, je vis derrière nous à cent foulées, un globe de vapeur brillante en mouvement et j'imaginai tout à coup qu'elle ne pouvait être que d'un aérolithe continuant au sol la trajectoire de sa chute. Une frayeur me saisit ; de vagues pensées de feu céleste, d'irradiations mortelles, de fragments d'astre incandescent me traversèrent l'esprit. Nous avions beau soutenir notre train, l'autre sensiblement se rapprochait. Déjà une lueur, plus brillante que celle de la lune, nous atteignait, éclairant notre course commune. J'éperonnai mon cheval et donnai de la cravache ; l'écume naissait à son encolure et s'arrachait de ses naseaux. Il fuyait maintenant, mais en vain. Les sabots qui nous poursuivaient rendaient un son à la fois moins sourd et moins répété, comme au roulement de timbales vient s'ajouter le battement espacé d'un tambourin. Alors nous remontant à main droite [1], à quelques mètres, une bête m'apparut. C'était une licorne blanche, de même taille que mon cheval mais d'une foulée plus longue et plus légère. Sa crinière soyeuse volait sur son front ; le mouvement faisait courir sur son pelage des frissons brillants et flotter sa queue épaisse. Tout son corps exhalait une lumière cendrée ; des étincelles jaillissaient parfois de ses sabots. Elle galopait, la tête dressée comme pour porter haut la corne terrible, où des nervures nacrées s'enroulaient en torsade régulière.

Bertrand d'Astorg
Le mythe de la Dame à la licorne (Le Seuil, p. 68)

> *Quelle place occupe dans ce texte la description proprement dite de la licorne ? Pourquoi cette insistance sur la lumière ?*

---

1. Du côté droit.

Le roi soleil

Louis XIV avait une licorne qui empalait les feuilles mortes de son jardin ; elle avait un doux nom de femme que la tradition n'a pas conservé, et le suivait dans toutes ses promenades. Dans la solitude du parc, sous l'œil profond des statues, elle enfilait les bagues à chaque coup du tournoi et les donnait au roi. Elle se peignait comme une dame et marchait sur ses pattes de derrière, agitant des bracelets que la Reine Mère lui avait donnés pour faire la cour à son fils aîné. D'origine alsacienne, elle s'appelait Mademoiselle de Saverne, mais savait sept langues en comptant sur ses doigts. Elle chassait les petits lapins, les embrochait sur sa corne, les faisait cuire doucement sur un feu de sarments, et puis les présentait au roi avec une délicatesse que n'ont pas les doigts courts de vos bien-aimées. Elle bouclait les boucles du roi qui se déroulaient mollement le long de son bâton poli, attrapait les petits oiseaux au vol comme avec une flèche, dardait les écureuils, enfilait les poires et les pommes. La corne était d'ivoire, dit « os royal », incombustible, intachable à l'eau. Ses sabots étaient d'or ; elle portait au cou de nombreux bijoux, dont une molaire du Grand Roi, et un petit bout de bois monté comme pour une seigneurie, dont on ignorait la provenance, mais sur lequel ils échangeaient, elle et le roi, des coups d'œil de connivence.

La licorne piquait les poissons dans les étangs, les présentait au soleil, puis au roi du même nom qui les croquait fort goulûment.

Se moquant à tous moments de Mademoiselle de La Vallière [1] qu'elle détestait et qu'elle appelait on ne sait trop pourquoi « la chaisière », elle mourut le jour de la mort du roi le 1er septembre 1715.

Lise Deharme
Le pot de mousse (Gallimard)

---

1. Favorite de Louis XIV.

Y a-t-il un rapport de sens entre « elle avait un doux nom de femme que la tradition n'a pas conservé » et « le suivait dans toutes ses promenades » ? Cette construction de phrase est-elle habituelle ? Montrez qu'elle se prolonge tout au long du texte. Quel effet cela produit-il ?

Des licornes

Il est universellement reconnu que la licorne est un être surnaturel et faste ; cela est chanté dans les odes rituelles [1], cela est porté dans les annales [2], cela ressort en de nombreux endroits des biographies, notices et autres ouvrages semblables. Jusqu'aux femmes du peuple et aux enfants en bas âge, tout le monde sait que la licorne constitue un présage favorable. Mais cet animal ne figure pas parmi les bêtes domestiques, on n'en trouve pas toujours dans le monde ; aussi bien, son aspect ne se prête-t-il pas à une classification. Ce n'est pas comme un cheval ou un bœuf, un chien ou un porc, un loup ou un cerf. Dans ces conditions, même si l'on se trouvait en présence d'une licorne, il serait difficile de savoir que c'en est bien une. Les bêtes à cornes, on sait que ce sont des bœufs ; les bêtes à crinières, on sait que ce sont des chevaux. Le chien et le porc, le loup et le cerf, on sait qui ils sont. Il n'y a que la licorne qu'on ne puisse pas reconnaître.

Apologue chinois
Cité par G. Margouillès, *Anthologie raisonnée de la littérature chinoise*, Payot.

Le phénix

L'Éthiopie et l'Inde produisent surtout des oiseaux multicolores et indescriptibles ; mais le plus fameux de tous est le Phénix d'Arabie, dont l'existence est peut-être fabuleuse ; il n'y en a qu'un au monde, et on ne l'a

---

1. Poèmes religieux.
2. Récits historiques.

pas vu souvent. Il a, dit-on, la taille de l'aigle, un éclatant collier d'or, le reste du corps écarlate, des plumes roses tranchant sur l'azur de sa queue, la gorge décorée de houppes et la tête d'une aigrette. Le premier parmi les Romains qui ait parlé du Phénix et montré le plus d'exactitude est Manilius, ce sénateur célèbre par son grand savoir qu'il ne tenait d'aucun maître : « Personne, dit-il, ne l'a jamais vu manger ; en Arabie, il est consacré au Soleil ; il vit cinq cent quarante ans ; quand il devient vieux, il construit un nid avec des branchettes de cannelier et d'encens, le remplit d'aromates sur lesquels il meurt. Puis de ses os et de ses moelles naît d'abord une espèce de vermisseau, qui devient ensuite oiselet ; il commence à rendre à son prédécesseur les devoirs funèbres, puis il porte le nid entier près de la Panchaïe, dans la ville du Soleil, où il le dépose sur un autel ». D'après le même Manilius, la révolution de la Grande Année coïncide avec la vie de cet oiseau, et son retour est marqué par le même cycle de saisons et de constellations ; ce recommencement a lieu vers midi, le jour où le soleil entre dans le signe du Bélier...

Pline l'Ancien
Histoires Naturelles (Les Belles Lettres, X, p. 28-29)

Quels sont les détails qui font de cet oiseau le symbole même de la vie ?

Un dragon

Comme il est grand, le dragon... plus qu'un chêne ! On dirait que ses ailes blanchâtres, nouées par de fortes attaches, ont des nerfs d'acier, tant elles fendent l'air avec aisance. Son corps commence par un buste de tigre, et se termine par une longue queue de serpent. Je n'étais pas habitué à voir ces choses. Qu'y a-t-il donc sur le front ? J'y vois écrit, dans une langue symbolique, un mot que je ne puis déchiffrer. D'un dernier coup d'aile, il s'est transporté auprès de celui dont je connais le timbre de voix. Il lui a dit : « Je t'attendais, et toi aussi. L'heure est arrivée ; me voilà. Lis, sur mon front, mon nom écrit en signes hiéroglyphiques. » Mais, lui, à peine a-t-il vu venir l'ennemi, s'est changé en aigle immense, et se prépare au combat, en faisant claquer de contentement son bec recourbé, voulant dire par là qu'il se charge, à lui seul, de manger la partie postérieure du dragon. Les voilà qui tracent des cercles dont la concentricité diminue, espionnant leurs moyens réciproques, avant de combattre ; ils font bien... voyons, dragon, commence, toi le premier, l'attaque. Tu viens de lui donner un coup de griffe sec : ce n'est pas trop mal. Je t'assure que l'aigle l'aura senti ; le vent emporte la beauté de ses plumes, tachées de sang. Ah ! l'aigle t'arrache un œil avec son bec, et, toi, tu ne lui avais arraché que la peau ; il fallait faire attention à cela. Bravo, prends ta revanche, et casse-lui une aile ; il n'y a pas à dire, tes dents de tigre sont très bonnes...

Lautréamont
Les Chants de Maldoror (Le Livre de Poche)

> *Pourquoi le personnage qui parle ici ne décrit-il pas le combat mais se contente-t-il de le commenter ?*

DES ANIMAUX DÉMESURÉS

> *D'autres animaux s'imposent par leurs pouvoirs ou leur taille démesurée.*

Le basilic

Près de cette source vit la bête appelée catoblépas ; d'une taille du reste médiocre, et paresseuse des membres, toute son activité consiste à porter péniblement sa tête qui est très lourde, et qu'elle tient toujours inclinée vers le sol. Autrement elle serait le fléau du genre humain, car tout homme qui a vu ses yeux meurt aussitôt.

Le serpent basilic n'a pas moins de pouvoir. C'est la province Cyrénaïque qui le produit : sa longueur ne dépasse pas douze doigts, il a pour marque une tache blanche sur la tête, qui lui fait comme un diadème. Son sifflement met en fuite tous les serpents. Il ne progresse pas, comme les autres, par une série d'ondulations, mais il s'avance en se tenant haut et droit sur le milieu du corps. Il tue les arbrisseaux, aussi bien par son haleine que par son contact ; il brûle les herbes, il brise les pierres, tant son venin a de force. On croyait jadis que, s'il était tué d'un coup de lance porté du haut d'un cheval, son venin remontait le long de la hampe et tuait à la fois le cheval et le cavalier. Et pourtant un tel monstre — on en a fait souvent l'épreuve pour des rois qui désiraient le voir une fois mort — ne résiste pas au venin des belettes : car la nature n'a rien voulu créer sans contrepartie. On fourre celles-ci dans les trous des basilics, qu'on reconnaît aisément à l'infection du terrain. Elle tuent le basilic par l'odeur qu'elles exhalent, et meurent : ainsi se termine le combat de la nature avec elle-même.

Pline l'Ancien
Histoires Naturelles (Les Belles Lettres, VIII, p. 32-33)

Le Béhémoth

Vois donc le Béhémoth, que j'ai fait aussi bien que toi ; il mange l'herbe comme le bœuf ;

Vois donc : sa force est dans ses flancs, et sa vigueur dans les muscles de son ventre.

Il remue sa queue semblable au cèdre ; les tendons de ses hanches sont entrelacés.

Ses os sont comme des tubes d'airain, ses membres sont comme des barres de fer.

C'est le chef-d'œuvre de Dieu, son créateur lui a donné son épée.

Les montagnes portent pour lui leur herbe ; là se jouent toutes les bêtes des champs.

Il se couche sous les lotus, dans l'ombre des roseaux et dans le limon.

Les lotus le couvrent de leur ombre, et les saules du torrent l'environnent.

Vois, le fleuve déborde avec violence, il n'a point peur ; il serait tranquille quand le Jourdain [1] monterait à sa gueule.

Livre de Job
XL, 10-19

L'oiseau Roc

C'était une boule blanche d'une hauteur et d'une grosseur prodigieuse. Dès que j'en fus près, je la touchai et la trouvai fort douce. Je tournai à l'entour pour voir s'il n'y avait point d'ouverture ; je n'en pus découvrir aucune, et il me parut qu'il était impossible de monter dessus, tant elle était unie. Elle pouvait avoir cinquante pas en rondeur.

Le soleil alors était prêt à se coucher. L'air s'obscurcit tout à coup comme s'il eût été couvert d'un nuage épais. Mais, si je fus étonné par cette obscurité, je le fus bien davantage quand je m'aperçus que ce qui la causait était un oiseau d'une grandeur et d'une grosseur extraordinaires, qui s'avançait de mon côté en volant. Je me souvins d'un oiseau appelé Roc dont j'avais souvent ouï parler aux matelots, et je conçus que la grosse boule que j'avais tant admirée devait être un œuf de cet oiseau.

Les Mille et une nuits

LE MÉLANGE DES ÉLÉMENTS

Les bêtes deviennent ainsi autre chose que des bêtes, leur domaine s'élargit considérablement et l'on finit par ne plus savoir où se situe la frontière entre la faune et l'ensemble de ce qui constitue le monde.

---

1. Fleuve de Palestine.

Chanson du cheval chez le dieu de la guerre

Je suis le fils de la Femme Turquoise.
Au sommeil de la Montagne Ceinte
De beaux chevaux — sveltes comme la belette !
Mon cheval a le sabot pareil à l'agate striée ;
Son fanon est pareil à la fine plume de l'aigle ;
Ses jambes sont comme l'éclair rapide.
Le corps de mon cheval est pareil à la flèche aux plumes
　　　　　d'aigle ;
Mon cheval a une queue comme un nuage noir qui
　　　　　traîne.
Je mets des objects flexibles sur le dos de mon cheval.
Le Petit Vent Sacré souffle dans ses crins.

Sa crinière est faite d'arcs-en-ciel courts.
Les oreilles de mon cheval sont faites d'épis de maïs
　　　　　ronds.
Les yeux de mon cheval sont faits de grandes étoiles.
La tête de mon cheval est faite d'eaux mélangées
(D'eaux sacrées — il ne connaît jamais la soif).
Les dents de mon cheval sont faites d'écaille blanche.
Le long arc-en-ciel dans sa bouche lui sert de bride,
Et c'est par elle que je le conduis.
Quand mon cheval hennit, des chevaux aux couleurs
　　　　　différentes le suivent.
Quand mon cheval hennit, des moutons aux couleurs
　　　　　différentes le suivent.

Je suis riche par lui.
Devant moi paisible,
Derrière moi paisible,
Sous moi paisible,
Par-dessus moi paisible,
Autour de moi paisible :
Paisible voix quand il hennit.
Je suis Éternel et paisible.
Je défends mon cheval.

Poème navajo
(Stock, *Anthologie de la poésie américaine*, p. 274-275)

Une faune de l'univers

Voici donc une autre des métamorphoses animales : le monde nous restant bien souvent indéchiffrable, l'animal va nous permettre de nous en rapprocher ; il devient ainsi comme un médiateur, un messager, quelque chose qui rend possible une compréhension des phénomènes dépassant notre intelligence en les ramenant à notre portée, en leur donnant l'apparence du déjà-connu... C'est un des rôles de l'image : rapprocher l'inconnu du connu, l'incompris du compris, le démesuré du mesuré; le rôle, ici, de l'image animale est donc d'humaniser les éléments de l'univers, de les mettre à portée humaine. Rien de ce qui fait le monde n'est épargné, tout, dans les méandres de l'esprit humain, s'anime et se met à vivre : le feu, l'eau, la terre et le ciel sont de ces bêtes insoupçonnées qui nous entourent, leurs manifestations jusqu'alors inexplicables en deviennent plus simples puisque, comme l'homme l'animal connaît la colère et la ruse, la douceur et la crainte... Les croyances les plus anciennes portent les traces de cet état d'esprit, de cette volonté de faire, de l'esprit humain, le modèle de l'univers; l'animal, ici, n'en est que l'instrument.

LES ANIMAUX DU FEU

De son bec d'acier

De son bec d'acier, l'éclair ouvre le fruit,
fracture le noyau, y découvre un arbre,
parcourt un verger, en déchire les fruits.

Et le cycle accompli, l'oiseau-feu s'éteint.
Ses ailes de cendres redeviennent fable
parmi les rousseurs d'un étrange festin.

André Schmitz
Bételgeuse n° 21

> *Le « fruit » du vers 1 est-il de même nature que « les
> fruits » du vers 3 ? Comment expliquez-vous cela ?
> Quelles remarques peut-on faire sur les rimes du texte ?*

Le dragon du feu

Ça a pris au tonnerre de dieu, là-bas, entre deux villages
qui brûlaient des fanes de pommes de terre ?
La bête souple du feu a bondi d'entre les bruyères
comme sonnaient les coups de trois heures du matin.
Elle était à ce moment-là dans les pinèdes à faire le
diable à quatre. Sur l'instant, on a cru pouvoir la maî-
triser sans trop de dégats ; mais elle a rué si dru, tout
le jour et une partie de la nuit suivante, qu'elle a rompu
les bras et fatigué les cervelles de tous les gars. Comme
l'aube pointait, ils l'ont vue, plus robuste et plus joyeuse
que jamais, qui tordait parmi les collines son large corps
pareil à un torrent. C'était trop tard.
Depuis elle a poussé sa tête rouge à travers les bois
et les landes, son ventre de flammes suit ; sa queue,
derrière elle, bat les braises et les cendres. Elle rampe,
elle saute, elle avance. Un coup de griffe à droite, un
à gauche ; ici elle éventre une chênaie ; là elle dévore
d'un seul claquement de gueule vingt chênes blancs
et trois pompons de pins ; le dard de sa langue tâte

86

le vent pour prendre la direction. On dirait qu'elle sait où elle va.

Et c'est son mufle dégoûtant de sang que Maurras a aperçu dans la combe.

Jean Giono
Colline (Grasset, p. 138)

> *Quelles sont les diverses expressions qui font songer à un dragon ? Si l'on compare au texte précédent, pourquoi A. Schmitz a-t-il choisi de présenter le feu sous la forme d'un oiseau et J. Giono sous celle d'un dragon ?*

Les chevaux du soleil

C'était l'heure où sortaient les chevaux du soleil.
Le ciel, tout frémissant du glorieux réveil,
Ouvrait les deux battants de sa porte sonore ;
Blancs, ils apparaissaient formidables d'aurore ;
Derrière eux, comme un orbe effrayant, couvert d'yeux,
Éclatait la rondeur du grand char radieux ;
On distinguait le bras du dieu qui les dirige ;
Aquilon achevait d'atteler le quadrige ;
Les quatre ardents chevaux dressaient leur poitrail d'or
Faisant leurs premiers pas, ils se cabraient encor
Entre la zone obscure et la zone enflammée ;
De leurs crins, d'où semblait sortir une fumée
De perles, de saphyrs, d'onix, de diamants,
Dispersée et fuyante au fond des éléments,
Les trois premiers, l'œil fier, la narine embrasée ;
Secouaient dans le jour des gouttes de rosée ;
Le dernier secouait des astres dans la nuit.

Victor Hugo
Le Satyre (La Légende des Siècles)

> *Comment, dans ce texte, l'univers entier, et non le soleil seulement, devient-il animal ? Pourquoi les détails fantastiques se mêlent-ils constamment à une description parfaitement réaliste des chevaux ?*

LES ANIMAUX DE L'EAU

*Après le feu, c'est son éternel adversaire, l'eau qui,
à son tour, sous le regard des hommes vit et respire,
revêtant parfois la forme d'un animal étrange et inattendu, ou celle d'un cheval, tantôt marin, tantôt lacustre.*

L'eau multiforme

L'eau multiforme habite les nuées et comble les abîmes ;
elle se pose en neige sur les cimes au soleil, d'où pure
elle s'écoule ; et suivant des chemins qu'elle sait,
aveugle et sûre de son étrange certitude, descend
invinciblement vers la mer, sa plus grande quantité.

Parfois, visible et claire, rapide ou lente, elle se
fuit avec un murmure de mystère qui se change tout-à-
coup en mugissement de torrent rebondissant pour se
fondre au tonnerre perpétuel de chutes écrasantes et
éblouissantes, porteuses d'arcs-en-ciel dans leur vapeur.

Mais tantôt, elle se dérobe et sous terre chemine,
secrète et pénétrante. Elle scrute les masses minérales
où elle s'insinue et se fraie les plus bizarres voies. Elle
se cherche dans la nuit dure, se rejoint et s'unit à elle-
même ; perce, transsude, fouille, dissout, délite, gite
sans se perdre dans le labyrinthe qu'elle crée ; puis,
elle s'apaise dans des lacs ensevelis qu'elle nourrit de
longues larmes qui se figent en colonnes d'albâtre,
cathédrales ténébreuses d'où s'épanchent des rivières
infernales que peuplent des poissons aveugles et des
mollusques plus vieux que le déluge.

Dans ces étranges aventures, que de choses l'eau
a connues !... Mais sa manière de connaître est singulière. Sa substance se fait mémoire : elle prend et
s'assimile quelque trace de tout ce qu'elle a frôlé, baigné,
roulé : du calcaire qu'elle a creusé, des gîtes qu'elle a
lavés, des sables riches qui l'ont filtrée. Qu'elle jaillisse
au jour, elle est toute chargée des puissances primitives
des roches traversées. Elle entraîne avec soi des bribes
d'atomes, des éléments d'énergie pure, des bulles de
gaz souterrains, et parfois la chaleur intime de la terre.

Elle surgit enfin, imprégnée des trésors de sa course, offerte aux besoins de la Vie.

Paul Valéry
Louanges de l'eau (Gallimard, Pléiade, t. I, p. 202-203)

> *Relevez les quelques notations éparses qui suffisent à transformer cet élément en animal. Quel est l'animal ici suggéré ?*

Les fleuves

Voici la cage des couleuvres.
Enroulés sur eux-mêmes,
les fleuves dorment, les fleuves sacrés.
Le Mississipi avec ses nègres,
l'Amazone avec ses indiens.
Ils sont comme les pneus puissants
de gigantesques camions.

Les enfants, en riant, leur lancent
de verts îlots vivants,
des forêts couleur de perroquets,
des canots pilotés
et d'autres fleuves.

Les grands fleuves se réveillent,
s'étirent lentement,
avalent tout, s'enflent, éclatent presque
et s'endorment de nouveau.

Nicolas Guillen
Le Grand Zoo (Seghers, p. 31)

Les chevaux de la mer

Le galop de la houle écume à l'horizon,
Regarde. La voici qui vient. Les vagues sont

Farouches et le vent dur qui les fouette rue
Leur troupe furieuse et leur foule bourrue.
Regarde. Celle-ci s'ébat et vois cette autre
Derrière elle qui, fourbe et hargneuse et plus haute,
Lui passe sur la croupe et la franchit d'un bond
Et se brise à son tour, tandis qu'un éperon
Invisible, aux deux flanc de celle qui la suit,
La dresse hennissante et l'effondre en un bruit
De vent qui s'époumonne et d'eau qui bave et fume.
O poitrails de tempête et crinières d'écume !
J'ai regardé longtemps, debout au vent amer,
Cette course sans fin des chevaux de la mer
Et j'attends que l'un d'eux hors de l'onde mouvante
Sorte et, soudain ouvrant ses ailes ruisselantes,
M'offre, pour que du poing je le saisisse aux crins,
L'écumeux cabrement du Pégase [1] marin

Henri de Régnier
Médailles marines (Mercure de France)

> *Toute la comparaison se développe à partir du mouve-*
> *ment de la mer : quelle en est la conséquence dans le*
> *choix du vocabulaire ?*

Cavalerie du lac

Par grand soleil
il y a des chevaux blancs dans le lac
courant avec des manteaux bleus en croupe
jambes brisées par la vitesse-lumière
ils boivent l'eau à longues goulées
le frémissement de leur échine
casse le miroir où l'on cherchait la paix
ouvre des peurs sous-marines.
Ils galopent dans leur sueur
sous les nappes les croûtes les phosphores
jusqu'aux océans inversés

1. Cheval ailé, né du sang de Méduse.

à l'au-delà à l'on ne sait
au jamais plus au jamais mort.

Claudine Chonez

> *Les chevaux traduisent-ils ici le même aspect de l'élé-
> ment liquide que dans le texte précédent ? Que vient
> faire ici le thème du miroir ? Par quelles expressions ce
> thème est-il maintenu tout au long du poème ?*

LES ANIMAUX DE LA TERRE

> *La terre, bien sûr, n'échappe pas non plus à cette
> opération magique où les mots permettent au regard de
> transformer le monde : les montagnes immobiles se
> réveillent, la faune et la flore s'enchevêtrent, la terre
> ainsi transformée devient vaguement inquiétante et
> l'on redoute quelque peu ses pouvoirs maléfiques.*

La Caraïbe

Dans l'aquarium du Grand Zoo
nage la Caraïbe [1].
     Cet animal
énigmatique et marin
porte une crête en cristal,
il a l'échine bleue, la queue verte,
son ventre est d'épais corail
avec de grises nageoires de cyclone.
L'aquarium porte l'inscription :
     « Attention : il mord. »

Nicolas Guillen
Le Grand Zoo (Seghers)

> *A quel animal fait songer cette description de la
> Caraïbe ?*

───────────

1. Ile des Antilles.

L'Aconcagua

L'Aconcagua [1]. Bête
solennelle et frigide, à la tête
blanche et aux yeux de pierre fixe.
A travers des déserts rocheux
elle suit de lents troupeaux
d'animaux de son espèce.

La nuit
elle passe suavement la lippe
sur les mains froides de la lune.

Nicolas Guillen
Le Grand Zoo (Seghers)

> Comment les mots et les expressions de ce texte rendent-ils vivante la description de la montagne ?

La végétation avançait

La végétation avançait. On ne sentait pas son mouvement. Marche bruyante et chaude des haricots, des courges, des plantes rampantes, des armées de punaises dorées, de fourmis muletières, et de sauterelles aux ailes d'eau... La végétation avançait. Les animaux, noyés par sa présence compacte, sautaient d'arbre en arbre sans réussir à voir à l'horizon un endroit où la terre se fût dégagée de cette obscurité verte, tiède et poisseuse. La pluie était torrentielle. Une végétation d'arbres aux chevelures liquides parsemant le ciel. Étourdissement mortel de tout ce qui restait de vivant sur la terre, des nuages intumescents [2] sur les ceibas [3] étendus pour dormir en forme d'ombres sur le sol.

---

1. Un des sommets de la Cordillère des Andes.
2. Qui commence à enfler.
3. Arbres de l'Amérique tropicale.

Les poissons faisaient grossir la mer. La lumière de la pluie leur sautait aux yeux. Certains avaient le menton gelé et chaud. D'autres étaient gravés de cercles pareils à des dentelles de fièvre les bordant. D'autres sans mouvement, telles des taches de sang sur les profonds cartilages sous-aquatiques. Et d'autres, et d'autres encore. Les méduses et les infusoires combattaient avec leurs cils. Poids de la végétation s'enfonçant dans la terre en eau, dans les ténèbres d'une boue fine, dans la froide respiration de monstres laiteux, avec la moitié de leur corps minéralisé, leur tête de charbon végétal et le bout de leurs tentacules distillant un pollen liquide.

Nouvelles confuses des villes primitives. La végétation en avait recouvert les ruines et faisait un bruit de gouffre sous les feuilles, comme si tout avait été troncs pourris, un bruit de gouffre et de mare, de gouffres peuplés par des êtres d'une vivacité de bourgeons, qui parlaient à voix basse et qui garrottèrent les dieux dans les lianes millénaires pour se mettre hors de leur portée magique, comme la végétation avait enveloppé la terre, comme le vêtement avait entravé la femme. Et c'est ainsi que les peuples perdirent leur contact intime avec les dieux, la terre et la femme, paraît-il...

Michel Angel Asturias
Légendes du Guatemala (Gallimard, p. 116-118)

> *Quels sont les procédés utilisés ici pour donner une impression de vie proliférante ?*

Le démon vert

Le démon vert écaillé d'étoiles s'est endormi.
     Ses colliers de fleuves furieux
son manteau de selves [1] hautes
ses doigts aux troncs épais

---

1. Mot transcrit de l'espagnol « selva » : la forêt dont on retrouve la racine commune (lat. *silva* : forêt) dans les mots français *sylvestre*, *sylve*, etc.

chargés de bagues aux champignons maudits
ses yeux aux marais troubles de mystère
et son haleine
rude de rafales — dorment sous le secret
silencieux du ciel blême
tout tremblant d'étoiles et de peur.
Et sur sa tête faite de montagnes
parmi les cheveux verts aux branches libres
le croissant de la lune souterraine
plante deux cornes.

Guilherme de Almeida
A moi (Le Livre du jour, p. 367)

> *Comment la plupart des notations pittoresques tra-*
> *duisent-elles une impression de mystère et de*
> *frayeur? Expliquez l'expression : « la lune souterraine ».*

LES ANIMAUX DU CIEL

> *Après le feu, l'eau et la terre, voici que le ciel lui aussi*
> *prend forme et sous nos yeux étonnés révèle des*
> *existences insoupçonnées, tels ces animaux du Zodia-*
> *que, cette lune, étrange bête aquatique, ces visages*
> *et ces villes que dessinent les nuages, ces animaux*
> *familiers qui rendent le monde féerique.*

Les animaux du Zodiaque

Quand ils ont quitté les baraques [1]
Du soleil, leur patient berger,
Les animaux du zodiaque [2]
Vont boire dans la voie lactée.

---

1. En astrologie, le mot « maison » désigne les douze fuseaux que le soleil traverse successivement en vingt-quatre heures..
2. Le zodiaque est la zone de la sphère céleste dans laquelle se meuvent le soleil dans son mouvement apparent, la lune, et toutes les grosses planètes.

Puis ils s'égaillent dans les prés
Du ciel plein des graminées pâles [1]
En croquant parfois une étoile
Qui éclate en grains de clarté.

Il arrive aussi que la Vierge
leur tend en riant son épi
Et leur montre, ourlé de lumière,
Le grand portail du paradis.

Mais dès que le fouet de l'aurore
S'en vient claquer au-dessus d'eux,
Bélier, Taureau et Capricorne
Font tourner la roue d'or des cieux.

Maurice Carème
La cage aux grillons (Colin-Bourrelier)

*Connaissez-vous d'autres signes célestes ou constel-
lations portant des noms d'animaux ? Pourquoi l'auteur
n'a-t-il retenu que certains d'entre eux ? Montrez que
l'intention qui conditionne ce choix est soulignée par
l'ensemble des notations du texte.*

Carpe de lune

Entre Göteborg [2] et Tallin [3], des pêcheurs, tous albinos,
récoltent le cumin. D'octobre à mai, la lune reste figée
dans les lacs. Elle s'est laissé prendre un soir d'automne,
elle est empêtrée depuis dans les roseaux, le gel et un
silence de plomb. Garde blanc de ces eaux, voici la
carpe au sang bleu, d'un bleu pâle de blanc d'œuf.
Elle est placide comme les falots ; méchante ; rose sous
la langue comme les malades de langueur. Elle a perdu
sa queue puisqu'elle ne navigue plus, ses œufs infectent

---

1. Cf. les vers de V. Hugo : « ... quel moissonneur de l'éternel été / Avait en
s'en allant, négligemment jeté / Cette faucille d'or dans le champ des étoiles... ».
2. Port de Suède.
3. Port d'U.R.S.S.

le raifort [1], on les dédaigne. C'est une bête dont les chiens disent qu'elle a perdu le goût du pain. Homme, méfie-toi de la lune ; astre mou, le cul entre deux selles, la lune abuse ; puis elle décharne.

Jean Lurçat
Mes domaines (Seghers)

> *Pourquoi les pêcheurs du début du texte sont-ils « tous albinos » ? Pourquoi ce détail est-il indispensable au texte ?*

___

Êtres sans noms

Êtres sans noms dont le corps fut empreint
dans le chaos et la neige des monts,
fuyant le jour, endormis dans le sein
des blanches nuits où s'enfonçaient vos fronts,

êtres que l'aube a soudain bousculés
si maladroite et si folle d'amour.
avec son corps qui brûlait à l'entour
les monts ravis de ses gestes ailés,

dans notre mer, depuis que la lumière
rompit d'un coup les vannes de l'espace,
vous qui roulez, épaves trop légères
pour vous poser sur quelque terre basse,

j'ai reconnu vos grands bras éperdus,
le flot sans fin de vos vagues cheveux
et la beauté de vos visages nus
se renversent dans les cieux orageux.

Henri Thomas
Poésies (Poésie/Gallimard, p. 24)

> *Pourquoi, à votre avis, l'auteur se refuse-t-il à nommer*

___

1. Plante dont on consomme, dans certains pays, la racine à odeur forte.

plus précisément ces « êtres » ? Étudiez la ponctuation
du texte, que constatez-vous ? A partir de votre
remarque, étudiez la construction syntaxique du texte.

Le bœuf et la rose

De connivence avec le salpêtre [1] et les montagnes, le
      bœuf noir
à l'œil clos par une rose entreprend la conquête de la
      vallée, de la forêt et de la lande.
Là où les fleurs de pissenlit s'étoilent gauchement dans le
firmament vert d'une herbe rare,
Là où resplendissent les bouses grasses et éclatantes, les
soleils de mauvaise grâce et les genêts précieux,
Là où les blés sont mûrs, là où l'argile taillée en branches
et fendillée offre des ravines aux ébats des scarabées,
Là où le scorpion jaune aime et meurt de son amour et
      s'allonge tout raide,
Là où le sable en poudre d'or aveugle le chemineau.
D'un pas lourd, balançant sa tête géante sur une encolure
fourrée, et de sa queue battant à intervalles égaux sa
      croupe charnue,
Le bœuf noir comme l'encre surgit, passe et disparaît.
Il écrase et paraphe de sa tache le paysage éclatant
Et ses cornes attendent qu'il choisisse la bonne
      orientation
Pour porter un soleil à sa mort dans leur orbite ouverte
      sur le vide,
Mettant plus d'un reflet sur ses poils luisants et projetant,
      tache issue d'une tache,
Son ombre fabuleuse sur la terre avide d'une pluie
      prochaine
Et du vol incertain des papillons,
Ou peut-être une rose éclatante issue de la seule
      atmosphère

---

1. Sel minéral se formant sur les pierres dans les lieux humides.

et grandissant entre les branches de leur croissant comme
un fantôme de fleur.

Robert Desnos
Fortunes (Poésie/Gallimard, p. 77-78)

> *Quelles sont les expressions qui mêlent description de
> la terre et description du ciel. Pourquoi cela ? Comment
> le poète indique-t-il la nature véritable de ce bœuf :
> un nuage qui passe ?*

LES ANIMAUX DU SILENCE

> *Le plus insaisissable enfin, le plus ténu, le silence lui-
> même prend face animale annonçant le passage au
> monde intérieur des hommes.*

C'est la couleuvre du silence

1

C'est la couleuvre du silence
Qui vient dans ma chambre et s'allonge
Elle contourne l'encrier
Puis, se glissant jusqu'à mon lit,
S'enroule autour de mon cœur même,
Mon cœur qui ne sait pas crier,
Lui qui du grand bruit de l'espace
Fait naître un silence habité,
Lui qui de ses propres angoisses
Façonne un songe ensanglanté.

2

Le silence approchant les objets familiers,
Voyez-le comme il rôde et craint de nous toucher,
Reviendra-t-il demain décidé à tuer.
En attendant il nous lance les pierres sourdes
Qui tombent dans l'étang de notre cœur troublé
Puis s'éloigne, songeant que ce n'est pas le jour.

3

Le silence cherche un abri
Et tout lui semble plein de bruit.
Ah même la biche envolée
Et le lièvre au bout de l'allée
Ou l'arbre d'un pays sans vent
A plusieurs lieues de l'océan.
Mais peut-être qu'une cabane
Au fond d'une âme diaphane
Ou bien quelques masques terreux
Avec deux grands trous pour les yeux
Et le front dans une pensée
Offrant sa matière glacée,
A moins que l'oreille d'un mort
Où les bruits n'osent plus entrer
Et forment le cercle au dehors
Avec un maussade respect ?
Mais il préfère s'attarder
Aux lèvres d'un clairon de pierre
Où il feint de se déchirer
Pour son ivresse solitaire.

Jules Supervielle
Nocturne en plein jour (Poésie/Gallimard)

Comment le poète traduit-il les différentes attitudes de
l'homme face au silence ?

**Lion de bronze
devant le palais impérial de Pékin**
Phot. Göksin Sipahioglu

Un bestiaire intérieur

Devenu ainsi médiateur, chargé des sentiments de l'homme, l'animal en acquiert une autre dimension et subit lentement la dernière de ses métamorphoses ; d'abord produit de l'imagination humaine, il devient maintenant la pensée elle-même : il est l'homme, il est ce que l'homme porte en lui, il est l'amour et la tristesse, la joie et la folie... Ce qui fait de cet animal un animal différent, étrange, c'est que rien dans son comportement n'appartient au monde animal, que tout appartient à celui de l'homme. Cet animal n'existe que par ce qu'il représente, il est l'image unique d'un sentiment ou d'un autre, non simple comparaison attribuant à un animal donné un trait définitif de caractère humain — comme au renard la ruse — mais véritable transformation, recréation de l'animal chargé de faire vivre, de faire agir, de rendre explicable des sentiments qui, sans cela, pourraient rester trop abstraits et lointains. Et pourtant, il n'est pas non plus un animal prétexte, un nom attribué à ce que l'on ne sait comment nommer, il est, profondément, la représentation d'une possession, ce sentiment qui fait que l'homme se sent porter en lui des choses qui le dépassent et, souvent, l'inquiètent... Ici, l'animal vit en nous, mais véritablement vit, comme la faune d'un univers encagé dans le corps humain.

LES ANIMAUX DES SENTIMENTS TENDRES

Il est des animaux doux et mélancoliques qui naissent d'un soupir, que suscite la rêverie, d'autres encore qu'évoque la douce mélancolie d'une soirée solitaire et calme ou l'attente tendre et inquiète d'un lendemain.

L'oiseau du printemps

Je sors d'un rêve, le cœur battant,
Les yeux écarquillés et fous,
Quand ta voix pareille à celle de la vérité
Apporte l'aube à ma fenêtre tendue de papier.

Je pousse un long soupir,
Je presse mon cœur.
Du cauchemar du lit,
Je passe au cauchemar de la terre.

Ton chant
Se fait de plus en plus éclatant
Comme les étoiles dans un ciel noir,
Comme les mains d'une déesse
Pressant les touches de la vie.

L'onde si belle de ta voix
Sortie du vert nuage des arbres
Et de l'océan de l'azur
Font une source vive et libre.
Il faut chanter à plein voix
Sa propre saison.
Alerté par le chant,
L'univers s'éveille
De sa couche hivernale.
Le froid meurt piétiné
Sous les pas du vent d'Est.

Tu chantes
Vers les montagnes
Et les montagnes ont des regards plus beaux ;

Tu chantes
Vers l'eau qui fuit
Et l'eau semble un enfant sauvage ;
Tu chantes
Vers les arbres
Et les arbres donnent leurs fleurs de printemps ;
Tu chantes vers la terre
Et son corps s'amollit à ta voix.

En entendant ta chanson
Les insectes soulèvent le manteau de la terre
Et rampent vers le soleil ;
En entendant ta chanson,
Les hommes sentent jaillir leur force comme s'ils
              renaissaient.
Mon cœur de poète est matinal comme le tien.
Comme toi, je crains la froide saison,
Comme toi, je connais les chansons de la vie,
Comme toi, je voudrais chanter.
Je voudrais tant chanter que j'en ai mal
Mais ma gorge est enchaînée.

Tsang K'e-Tchia
Anthologie de la poésie chinoise moderne (Seghers)

> *Remarquez comment la détresse de l'auteur dans son*
> *cauchemar est liée à la détresse de la nature en hiver*
> *(cf. aussi vers 21-22, 40, 41). Tous les éléments de la*
> *nature sont ici vivants et s'éveillent au chant de l'oiseau :*
> *le poète n'est donc que l'un d'entre eux. Relevez tous*
> *les procédés qui servent à « donner vie ».*

―――――――――

L'oiseau qui s'efface

Celui-là, c'est dans le jour qu'il apparaît, dans le jour le
              plus blanc.
Oiseau.
Il bat de l'aile, il s'envole. Il bat de l'aile, il s'efface.
Il bat de l'aile, il réapparaît.
Il se pose. Et puis il n'est plus. D'un battement il s'est
              effacé dans l'espace blanc.

Tel est mon oiseau familier, l'oiseau qui vient peupler le
    ciel de ma petite cour. Peupler? On voit
    comment...
Mais je demeure sur place, le contemplant, fasciné par
    son apparition, fasciné par sa disparition.

Henri Michaux
La vie dans les plis (Gallimard, p. 50)

> *Quel effet produit l'emploi, sans déterminant, du mot
> « oiseau » à la fin du premier vers ?*

────────────

Monstres

Il y a des monstres qui sont très bons,
Qui s'assoient contre vous les yeux clos de tendresse
Et sur votre poignet
Posent leur patte velue.

Un soir-
Où tout sera pourpre dans l'univers,
où les rochers reprendront leurs trajectoires de folles,

Ils se réveilleront.

Guillevic
Terraqué (Poésie/Gallimard, p. 34)

> *Justifiez le titre. Essayez d'analyser le découpage du
> texte en trois strophes et de montrer les différences
> de rythme qui y apparaissent (la structure syntaxique
> des phrases peut vous y aider).*

────────────

L'espoir...

L'espoir est la créature avec des ailes
Qui se perche dans l'âme
Et chante l'air sans les paroles

Et ne s'arrête jamais.
C'est la voix la plus douce dans la rafale ;
Affreux doit être l'orage
Qui pourrait déconcerter l'oiseau
Qui réchauffait tant de monde.
Je l'ai entendu au pays le plus froid
Et sur la mer la plus étrange ;
Pourtant jamais dans la détresse
Il ne m'a demandé une miette.

Emily Dickinson
Poèmes choisis (Aubier, p. 85)

> *Dans deux des textes qui précèdent, c'est « l'oiseau »*
> *que les poètes ont choisi pour traduire des sentiments*
> *ténus et impalpables; d'après ce texte, essayez de*
> *comprendre pourquoi. Quelle est, de l'oiseau, la carac-*
> *téristique que retient E. Dickinson ?*

LES ANIMAUX DE L'AMOUR

> *Mais il en est aussi qui servent à traduire la fidélité,*
> *l'abandon d'un être à l'autre, le désarroi de l'amoureuse*
> *égarée devant son premier amour, d'autres encore qui*
> *symbolisent un sentiment [1], telle la Salamandre :*
> *l'amour malheureux.*

Simorg-Anka

> *La reine de Saba [2] cherche à séduire saint Antoine.*

Elle pousse un sifflement aigu ; et un grand oiseau, qui descend du ciel, vient de s'abattre sur le sommet de sa chevelure dont il fait tomber la poudre bleue.

Son plumage, de couleur orange, semble composé d'écailles métalliques. Sa petite tête garnie d'une huppe d'argent, représente un visage humain. Il a quatre ailes,

---

1. Cf. p. 73, le texte : « Le sadhuzac ».
2. Souveraine légendaire de la Bible.

des pattes de vautour, et une immense queue de paon, qu'il étale en rond derrière lui.

Il saisit dans son bec le parasol de la Reine, chancelle un peu avant de prendre son aplomb, puis hérisse toutes ses plumes et demeure immobile.

— Merci, beau Simorg-anka [3] ! toi qui m'as appris où se cachait l'amoureux ! Merci ! merci ! messager de mon cœur !

Il vole comme le désir. Il fait le tour du monde dans sa journée. Le soir, il revient ; il se pose au pied de ma couche ; il me raconte ce qu'il a vu, les mers qui ont passé sous lui avec les poissons et les navires, les grands déserts vides qu'il a contemplés du haut des cieux, et toutes les moissons qui se courbaient dans la campagne, et les plantes qui poussaient sur le mur des villes abandonnées.

Gustave Flaubert
La Tentation de saint Antoine (Le Livre de Poche, p. 217)

> *Quel est le rapport entre l'apparence physique de cet oiseau — 1er paragraphe — et ce que symbolise son comportement — 2e paragraphe ?*

___

Chanson de l'oiseleur

L'oiseau qui vole si doucement
L'oiseau rouge et tiède comme le sang
L'oiseau si tendre l'oiseau moqueur
L'oiseau qui soudain prend peur
L'oiseau qui soudain se cogne
L'oiseau qui voudrait s'enfuir
L'oiseau seul et affolé
L'oiseau qui voudrait vivre
L'oiseau qui voudrait chanter
L'oiseau qui voudrait crier

___

3. Oiseau fabuleux des légendes orientales.

L'oiseau rouge et tiède comme le sang
L'oiseau qui vole si doucement
C'est ton cœur jolie enfant
Ton cœur qui bat de l'aile si tristement
Contre ton sein si dur si blanc.

Jacques Prévert
Paroles (Le Livre de Poche, p. 150)

> *Pourquoi la répétition de « l'oiseau »? et pourquoi l'abandon de cette répétition aux trois derniers vers? Comment comprenez-vous le titre?*

La salamandre

Grillon, mon ami, es-tu mort, que tu demeures sourd au bruit de mon sifflet, et aveugle à la lueur de l'incendie? Et le grillon, quelque affectueuses que fussent les paroles de la salamandre, ne répondait point, soit qu'il dormît d'un magique sommeil, ou bien soit qu'il eût fantaisie de bouder.

« Oh! chante-moi ta chanson de chaque soir dans ta logette de cendre et de suie, derrière la plaque de fer écussonnée de trois fleurs de lis héraldiques[1]! »

Mais le grillon ne répondait point encore, et la salamandre éplorée, tantôt écoutait si ce n'était point sa voix, tantôt bourdonnait avec la flamme aux changements couleurs rose, bleue, rouge, jaune, blanche et violette.

« Il est mort, il est mort, le grillon mon ami! » Et j'entendais comme des soupirs et des sanglots, tandis que la flamme, livide maintenant, décroissait dans le foyer attristé.

---

1. Qui figurent sur des armoiries, des blasons.

« Il est mort ! Et, puisqu'il est mort, je veux mourir ! » Les branches de sarment étaient consumées la flamme se traîna sur la braise en jetant son adieu à la crémaillère, et la salamandre mourut d'inanition.

Aloysius Bertrand
Gaspard de la nuit (Flammarion)

> *Que représente ici la salamandre ? Quel procédé est employé pour l'évoquer ?*

LES ANIMAUX DE L'ENTHOUSIASME

> *Voici maintenant ceux que créent l'inspiration, l'esprit débridé, l'exaltation de l'enthousiasme : chimères, chevaux, symboles de fougue, d'audace, de joie, d'insouciance et d'oubli, de fièvres et de passions ; chevaux ailés, véritables symboles universels.*

La chimère

Une jeune Chimère, aux lèvres de ma coupe,
Dans l'orgie [1], a donné le baiser le plus doux ;
Elle avait les yeux verts, et jusque sur sa croupe
Ondoyait en torrent l'or de ses cheveux roux.

Des ailes d'épervier tremblaient à son épaule ;
La voyant s'envoler, je sautais sur ses reins ;
Et, faisant jusqu'à moi ployer son cou de saule,
J'enfonçais comme un peigne une main dans ses crins.

Elle se démenait, hurlante et furieuse,
Mais en vain. Je broyais ses flancs dans mes genoux ;
Alors elle me dit d'une voix gracieuse,
Plus claire que l'argent : Maître, où donc allons-nous ?

---

1. Fêtes folles où les convives s'abandonnent à l'ivresse.

Par delà le soleil et par delà l'espace,
Où Dieu n'arriverait qu'après l'éternité ;
Mais avant d'être au but ton aile sera lasse :
Car je veux voir mon rêve en sa réalité.

Théophile Gautier
Poésies diverses

> *Quel est le rôle de la description concrète de cet animal*
> *au début du texte ? Que laisse présager la couleur des*
> *yeux et celle des cheveux ? Relevez tous les termes qui*
> *font de la Chimère un être à la fois bénéfique et malé-*
> *fique.*

Le cavalier à la grande cage

Approche maintenant, mon beau cheval sauvage,
Car notre heure est sonnée pour un nouveau galop.
Je t'ai laissé dormir d'un trop long hivernage,
O ma bête de sang d'entre tous mes chevaux !
J'ai trop rampé sur des chemins sans herbes hautes,
Mon souffle s'est perdu de ne rien dépasser :
Aujourd'hui j'ai l'espoir de m'élancer sur d'autres
Où des vents inconnus ravivent ma pensée !

Je ne traînerai plus aux terres décevantes !
J'ai prononcé le vœu de traquer l'éternel,
Et laissé mon habit de poésie errante
Aux nuées de la chasse entre les arcs-en-ciel !
Obstinément j'ai attendu cette minute,
Couvé mon incendie, ralenti mon élan,
Afin d'être aussi sûr de mon destin d'adulte
Que j'étais de mon cri passionné d'enfant !

Ne sois pas effrayé, je renais du silence
Comme la sève monte au signe du Bélier,
Ne ronge pas ton mors de trop d'impatience
Tu ne sais pas encore où va ton cavalier.
Ce ne peut être lui qui décide de l'heure,
Ni des seuils à forcer, ni des lits dans le vent ;

Ne piaffe pas si fort dans l'ombre intérieure :
Une nuit blanche et or se lève à l'orient.

Patrice de la Tour du Pin
Une somme de poésie (Gallimard, p. 101)

> *L'expression du dernier vers « une nuit... se lève »
> est-elle habituelle ? Comment ce vers peut-il être une
> conclusion à l'ensemble (ce qu'indiquent les deux
> points terminant l'avant-dernier vers) ? Que représente
> ce « cheval sauvage » ? Comment la description du
> cheval est-elle intimement liée à la description des
> sentiments du poète.*

Plein ciel

J'avais un cheval
Dans un champ de ciel
Et je m'enfonçais
Dans le jour ardent.
Rien ne m'arrêtait
J'allais sans savoir.
C'était un navire
Plutôt qu'un cheval,
C'était un désir
Plutôt qu'un navire,
C'était un cheval,
Comme on n'en voit pas,
Tête de coursier,
Robe de délire,
Un vent qui hennit
En se répandant.
Je montais toujours
Et faisais des signes :
« Suivez mon chemin,
Vous pouvez venir,
Les meilleurs amis,
La route est sereine,
Le ciel est ouvert.
Mais qui parle ainsi ?

Je me perds de vue
Dans cette altitude,
Me distinguez-vous ?
Je suis celui qui
Parlait tout à l'heure,
Suis-je encore celui
Qui parle à présent,
Vous-mêmes amis,
Êtes-vous les mêmes ?
L'un efface l'autre
Et change en montant. »

Jules Supervielle

> *A quoi est successivement comparé ce cheval ? Quels
> sont les termes du poème qui appartiennent au vocabu-
> laire habituel du cheval ? Sont-ils toujours appliqués
> à cet animal ? Quelles expressions courantes se cachent
> sous les expressions : a) « Les meilleurs amis » ; « Comme
> on n'en voit pas » ; « Je me perds de vue » ; b) « Le ciel
> est ouvert » ; « La route est sereine ».*

Pégase

De ses quatre pieds purs faisant feu sur le sol,
La Bête chimérique et blanche s'écartèle,
Et son vierge poitrail qu'homme ni dieu n'attelle
S'éploie en un vivace et mystérieux vol.

Il monte, et la crinière éparse en auréole
Du cheval décroissant fait un astre immortel
Qui resplendit dans l'or du ciel nocturne, tel
Orion [1] scintillant à l'air glacé d'Éole [2].

Et comme au temps où les esprits libres et beaux
Buvaient au flot sacré jailli sous les sabots
L'illusion des sidérales chevauchées,

1. Constellation de la zone équatoriale.
2. Dieu des vents.

Les Poètes en deuil de leurs cultes perdus
Imaginent encor sous leurs mains approchées
L'étalon blanc bondir dans les cieux défendus.

Pierre Louys
Astarté

> *Connaissez-vous l'expression « faire feu des quatre sabots » ? Que signifie-t-elle ? Qu'apportent à cette expression les variantes introduites par P. Louys ? Quelle est la couleur qui domine dans le texte ? Pourquoi ?*

Chevaux sans cavaliers

Il était une fois une cavalerie
Longuement dispersée
Et les chevaux trempaient leur cou dans l'avenir
Pour demeurer vivants et toujours avancer.

Et dans leur sauvagerie ils galopaient sans fatigue.

Tout noirs et salués d'alarmes au passage
Ils couraient à l'envie ou tournaient sur eux-mêmes,
Ne s'arrêtant que pour mourir
Changer de pas dans la poussière et repartir.

Et des poulains fiévreux rattrapaient les juments.

Il est tant de chevaux qui passèrent ici
Ne laissant derrière eux qu'un souvenir de bruit.
Je veux vous écouter, galops antérieurs,
D'une oreille précise,
Que mon cœur ancien batte dans ma clairière
Et que, pour l'écouter, mon cœur de maintenant
Étouffe tous ses mouvements
Et connaisse une mort ivre d'être éphémère.

Jules Supervielle
Fable du monde (Gallimard, NRF)

Chevaux

J'ai vu de la fenêtre les chevaux.

Ce fut à Berlin, en hiver. La lumière
était sans lumière, sans ciel le ciel.

L'air blanc comme un pain mouillé.

Et de ma fenêtre un cirque solitaire
mordu par les dents de l'hiver.
Soudain, conduits par un homme,
dix chevaux surgirent dans la brume.
Ils frémirent à peine en sortant, comme le feu,
mais pour mes yeux, ils ont occupé le monde
vide jusqu'à cette heure. Parfaits, enflammés,
ils étaient comme dix dieux aux longues pattes pures,
aux crins semblables au rêve du sel.

Leurs croupes étaient des mondes et des oranges.

Leur couleur était miel, ambre, incendie.

Leurs cous étaient des tours
taillés dans la pierre de l'orgueil,
et à leurs yeux furieux, l'énergie
se penchait telle une prisonnière.

Et là en silence, au milieu
du jour, de l'hiver sale et désordonné,
Les chevaux impétueux étaient dans le sang,
le rythme, l'incitant trésor de la vie.

J'ai regardé, j'ai regardé et alors j'ai revécu : sans le
                savoir
là se trouvait la source, la danse d'or, le ciel,
le feu qui vivait dans la beauté.

J'ai oublié l'hiver de ce Berlin obscur.
Je n'oublierai pas la lumière des chevaux.

Pablo Neruda
Vaguedivague (Gallimard, p. 51-52)

LES ANIMAUX DES CRAINTES VAGUES

Mais, s'il est des moments de douce mélancolie et même d'exaltation, il en est d'autres de tristesse et l'animal qui, tout à l'heure, emportait notre joie peut bien, maintenant, se charger de nos craintes. Il peut également nous devenir étranger, subir maintes métamorphoses, s'adapter aux circonstances, épouser la forme qui convient aux pensées de ses créateurs. Sous l'aspect d'un fauve, il exprimera des sentiments plus troubles : menace ou férocité refoulée alors que l'incertitude s'identifiera à une sorte d'oiseau aux apparences inconnues.

Le cheval

Et le cheval longea ma page.
Il était seul, sans cavalier,
Mais je venais de dessiner
Une mer immense et sa plage.

Comment aurais-je pu savoir
D'où il venait, où il allait ?
Il était grand, il était noir,
Il ombrait ce que j'écrivais.

J'aurais pourtant dû deviner
Qu'il ne fallait pas l'appeler.
Il tourna lentement la tête

Et, comme s'il avait eu peur
Que je lise en son cœur de bête,
Il redevint simple blancheur.

Maurice Carème
Poésie vivante, n° 28, p. 112

> *Notez toutes les expressions qui donnent une impression de mélancolie ? Comment comprenez-vous le dernier vers ?*

Le cheval surchargé

Il m'apparaît souvent quand je suis seul une heure ou deux, un cheval, au loin, et qui s'éloigne encore. La route est déserte et il a dû passer à ma hauteur depuis pas mal de temps déjà, mais quoi que je fasse, si vivement que j'essaie, le devinant là, de m'enfoncer dans le « noir » je n'arrive pas à le faire assez tôt, pour qu'il n'aît déjà pris quelque huit cent mètres d'avance, non, d'éloignement, masse à présent réduite, et qui n'avance que pour se réduire davantage encore et presque disparaître.

Grand, très grand, avec des formes puissantes qui conviendraient plus au labour qu'au voyage d'étapes, haut et chargé comme un dromadaire, il s'éloigne, seul monument de vie dans le désert qui l'entoure, mais ce monument donne confiance. Il possède confiance. Extrêmement haut sur ses pattes, on ne voit même bien qu'elles et dans un amas de choses indistinctes une sorte de bât et une toute petite tête qui semble rondelette et assez mobile, à moins que ce ne soit une casserole, ou même un casque, car la tête qui le guide peut n'être pas visible à cette distance dans l'amas de bagages qui l'encombrent, à ce que je vois, exagérément.

Ce cheval, je le remarque, ne s'est jamais retourné sur moi, ni sur quoi que ce soit (il n'y a donc pas de taon qui le pique ?) ni sur un bruit derrière lui. Il semble qu'il n'y ait ni bruit ni vie. Il avance accompagné de son seul encombrement.

Autrefois ce n'était pas le genre de cheval qui m'apparaissait, est-il besoin de le dire ?

Henri Michaux
La vie dans les plis (Gallimard, p. 61)

> *Comment la première et la dernière phrase contiennent-elles en puissance l'essentiel du texte ? Relevez toutes les expressions traduisant la solitude. Comment comprenez-vous cette précision : « ... pour qu'il n'ait déjà pris quelque huit cent mètres d'avance, non, d'éloignement... » ?*

Portrait des meidosem

Ils prennent la forme de bulles pour rêver, ils prennent la forme de lianes pour s'émouvoir.

Appuyée contre un mur, un mur du reste que personne ne reverra jamais, une forme faite d'une corde longue est là. Elle s'enlace.

C'est tout. C'est une Meidosemme.

Et elle attend, légèrement affaissée, mais bien moins que n'importe quel cordage de sa dimension appuyé sur lui-même.

Elle attend.

Journées, années, venez maintenant. Elle attend.

———————

Plus de bras que la pieuvre, tout couturé de jambes et de mains jusque dans le cou, le Meidosem.

Mais pas pour cela épanoui. Tout le contraire : supplicié, tendu inquiet et ne trouvant rien d'important à prendre, surveillant, surveillant sans cesse, la tête constellée de ventouses.

Henri Michaux
La vie dans les plis (Gallimard, p. 131, 155)

> *Pourquoi la « Meidosemme » du premier texte a-t-elle la forme d'une corde ? Et pourquoi le « Meisodem » du second texte ressemble-t-il à une pieuvre ?*

———————

Un loup

Fauve creusant la nuit solide
De ses griffes et de ses dents,
Ce loup sec à la langue fine
Affamé depuis cent mille ans.

Ah ! s'il broyait l'éternité
Et son équipage de morts
Cela ferait un grand bruit d'os
Par des mâchoires fracassées.

Il a percé l'arbre de pierre
A la recherche des pays
D'où lui vient cette faim guerrière
Qui le précède et qui le suit.

Le cœur roulé par les soleils
Et par les lunes épié
Il périra multiplié
Par le haut mal des univers.

Jules Supervielle
Gravitations (Gallimard, p. 164)

> Dans la mesure où le texte ne contient aucune descrip-
> tion d'un loup quelconque, à quoi peut bien servir le
> titre ? Ne pourrait-on pas l'intituler : « Un tigre » ?

Les loups

Il est des loups dans la chambre voisine qui attendent :
Tête basse et tendue, ils respirent le vide
En pleine obscurité, entre eux et moi
Une porte blanche, éclairée du salon que jamais
Homme ne paraît avoir traversé
(Si calme est la maison). Cela dure depuis toujours
Une bête griffe le plancher. Sombrement
J'ai rêvé de démons et d'anges ; jamais homme
N'a pu vivre, des loups plein la chambre voisine,
Ni moi non plus, je l'affirme, parole d'homme !
Maintenant que j'ai cherché l'étoile du soir
A la froide fenêtre et sifflé lorsque Arcture [1] est apparu,
J'ai entendu les loups se battre,
Et j'ai dit : « Tel est l'homme » ; ainsi — peut-on conclure
            mieux ? —
Le jour ne suivra pas la nuit ;
Le cœur de l'homme a peu de dignité,
Moins de patience que celui du loup

---

1. Étoile double de la constellation du Bouvier.

Et un sens plus sourd qui ne peut pas déceler
Sa propre mortalité. (Ces méditations,
Et d'autres, conviendront à d'autres temps,
Quand le silence, ce chien, hurlera
Mon épitaphe.) Et, maintenant, sois courageux,
Va à la porte et vois si, roulée sur le lit
Ou tapie près du mur, une bête sauvage
Au poil doré peut-être, aux yeux profonds
Ainsi qu'une araignée toute velue
Sur un plancher ensoleillé, grognera contre toi,
Car l'homme ne peut jamais être seul.

Allen Tate
Anthologie de la poésie américaine (Stock, p. 215)

> *Après lecture de l'ensemble du texte, pouvez-vous expliquer le premier vers?*

L'oiseau d'enfer

Cet oiseau noir dans ma tête
Ne se laisse pas apprivoiser
Il est comme un nuage qui se défile
et qu'on n'attrape jamais
comme la fumée entre les doigts
et la brume sur les yeux

Et cependant je n'ose le confier à personne
et je le vois disparaître avec regret
Il s'accroche à tous les sourires
se pose sur les mains tendues
et se nourrit du sucre des paroles
sans même pousser un cri de joie.

Longtemps j'ai essayé de ne pas le voir
de ne plus l'écouter quand il croasse la nuit
et qu'il déchire de ses serres
les filets de la certitude
Il est le fils de l'insomnie
et du dégoût mélancolique

Mon oiseau noir mon fidèle
la haine n'est pas ta cousine
Je te donne trois jours et trois nuits.

Philippe Soupault
Poèmes et poésies (Grasset, p. 406)

> *Quel est l'oiseau évoqué ici ? Comment comprenez-vous le dernier vers ?*

___

Bête à vivre et à périr

Bête à vivre et à périr
d'où viens-tu ?

Bête et nœud de l'avenir
où vas-tu ?

Bête qui ne sait rien dire
d'où viens-tu ?

Bête à pleurer, bête à rire
où vas-tu ?

Bête d'eau, de terre ou d'air
d'où viens-tu ?

Bête d'argile à tout faire
où vas-tu ?

Bête en moi qui me regardes
d'où viens-tu ?

Bête à deux ou mille pattes
où vas-tu ?

Géo Libbrecht
Des livres cachés (Le Miroir des poètes)

> *Que signifie l'expression « C'est bête à pleurer » ? Comment G. Libbrecht l'utilise-t-il et quelles transformations lui fait-il subir ? Quel est ici le rôle des refrains ?*

Dragons vomissant des grenouilles
Tapisserie de l'Apocalypse au musée d'Angers
Phot. Lauros-Giraudon

Les animaux de l'effroi

Puis tout éclate, cette inquiétude contenue devant les multiples interrogations qui, constamment, agressent et angoissent l'homme, n'est-il pas nécessaire de la laisser enfin venir au jour ? Trop long-temps retenue et détournée, trop longtemps déguisée dans les diverses tentatives d'apprivoisement que nous avons pu suivre, il est temps maintenant que la peur se dévoile, et, nue, se montre telle qu'elle a toujours été depuis des siècles, une peur irraisonnée, irrépressible, l'angoisse oppressante devant la maladie et la mort... Rencontrée à toutes les étapes, là encore, la représentation ani-male va se découvrir une place privilégiée : le monde de la férocité et de l'horreur, le monde des fauves qui déchirent et tuent, pénètre en force dans la littérature. C'est une autre face de l'animal montant en scène, la face rouge, la face sanglante, celle des griffes et des crocs, non plus la bête familière et amicale, mais celle implacable, avide de sang à laquelle, autrefois, l'homme s'affrontait trop souvent... Ces bêtes-là, ce sont les monstrueux amalgames de fauves des littératures de l'effroi, des littératures visionnaires, c'est-à-dire des littératures qui dépassent les conventions et les convenances pour exprimer la hantise de l'homme seul face à des interrogations dramatiques, de l'homme apeuré, recroquevillé sur lui-même dans la conscience angoissante de sa fragilité.

DE LA RÉALITÉ AU CAUCHEMAR

L'animal et le démon font vite bon ménage. Qu'une bête soit surprenante, et la tradition populaire la transforme en monstre.

La bête du Gévaudan

Voici comme on dépeint
Cette bête farouche,
Que tout le monde craint.
Elle est longue et grosse,
Très formidable,
La tête comme un cheval,
L'oreille en corne étonnable
Et le poil roux [1] comme un veau,

Les yeux étincelants,
D'un regard redoutable,
Sont deux brasiers ardents,
Tout est épouvantable
dans cette bête
Que le monde craint si fort ;
Car des pieds jusqu'à la tête,
Elle présage la mort.

Cet animal subtil
Que l'on suit à la piste,
Ne craint point le fusil ;
Chacun a le cœur triste ;
Les coups que l'on tire
Ne font qu'effleurer sa peau
Dans le cœur chacun désire
De la voir dans le tombeau.

---

1. Dans plusieurs textes déjà nous avons rencontré cette couleur rousse, couleur que la croyance populaire attribue au diable.

Il s'avance en rampant
Quand il veut faire chasse,
Derrière, non devant
Tous ceux qui la pourchassent,
Puis il s'élance
En leur sautant au colet,
Et leur coupe avec aisance
La tête tout franc et net.

Poème anonyme
La Poésie populaire (Seghers)

> *Relevez, dans tous les éléments descriptifs, ceux qui sont une transition vers le surnaturel et le maléfique. Étudiez la composition des différentes strophes et montrez qu'elle est reprise de l'une à l'autre.*

LES CAUCHEMARS

> *La peur est là qui cerne l'homme, peur de la mort, de l'inconnu... Les monstres accourent, forment cercle, peuplent les contes et les légendes.*

Beaux monstres de la nuit

« Beaux monstres de la nuit, palpitant de ténèbres,
Vous montrez un museau humide d'outre-ciel,
Vous approchez de moi, vous me tendez la patte
Et vous la retirez comme pris d'un soupçon.
Pourtant je suis l'ami de vos gestes obscurs,
Mes yeux touchent le fond de vos sourdes fourrures.
Ne verrez-vous en moi un frère ténébreux
Dans ce monde où je suis bourgeois de l'autre monde,
Gardant par devers moi ma plus claire chanson.
Allez, je sais aussi les affres du silence
Avec mon cœur hâtif, usé de patience,
Qui frappe sans réponse aux portes de la mort.
— Mais la mort te répond par des intermittences
Quand ton cœur effrayé se cogne à la cloison,

Et tu n'es que d'un monde où l'on craint de mourir. »
Et les yeux dans les yeux, à petits reculons,
Le monstre s'éloigna dans l'ombre téméraire,
Et tout le ciel, comme à l'ordinaire, s'étoila.

Jules Supervielle
La Fable du monde (Poésie/Gallimard)

> *De quelle expression peut-on rapprocher « outre-ciel » ?
> Comment le thème ainsi suggéré se poursuit-il tout au
> long du texte. Que signifient les expressions apparem-
> ment contradictoires du texte telles, par exemple :
> « Beau Monstre... » ?*

Un autre sabbat

Chauves-souris, hiboux, chouettes, vautours chauves,
Grands-ducs, oiseaux de nuit aux yeux flambants et
       fauves,
Monstres de toute espèce et qu'on ne connaît pas,
Stryges au bec crochu, Goules, Larves, Harpies,
Vampires, Loups-garous, Brucolaques impies,
Mammouths, Leviathans, Crocodiles, Boas,
Cela grogne, glapit, siffle, rit et babille,
Cela grouille, reluit, vole, rampe et sautille ;
Le sol en est couvert, l'air en est obscurci.
— Des balais haletants la course est moins rapide,
Et de ses doigts noueux tirant à soi la bride,
      La vieille [1] cria : — C'est ici.

Théophile Gautier
Albertus (CX)

> *Mais cet assemblage grouillant d'animaux monstrueux,
> c'est l'homme qui le porte en lui et le suscite.*

---

1. La sorcière.

L'esprit humain

J'étais déjà très-haut dans la nuée obscure.

Et je vis apparaître une étrange figure ;
Un être tout semé de bouches, d'ailes, d'yeux,
Vivant, presque lugubre et presque radieux.
Vaste, il volait ; plusieurs des ailes étaient chauves.
En s'agitant, les cils de ses prunelles fauves
Jetaient plus de rumeur qu'une troupe d'oiseaux,
Et ses plumes faisaient un bruit de grandes eaux.
Cauchemar de la chair ou vision d'apôtre,
Selon qu'il se montrait d'une face ou de l'autre,
Il semblait une bête ou semblait un esprit,
Il paraissait dans l'air où mon vol le surprit,
Faire de la lumière et faire des ténèbres.
Calme, il me regardait dans les brouillards funèbres.
. . . .

Cependant par degrés l'ombre devint visible ;
Et l'être qui m'avait parlé précédemment
Reparut, mais grandi jusqu'à l'effarement ;
Il remplissait du haut en bas le sombre dôme
Comme si l'infini dilatait ce fantôme ;
De sorte que l'espace effrayant n'offrait plus
Que des visages, flux vivant, vivant reflux,
Un sourd fourmillement d'hydres, d'hommes, de bêtes,
Et que le fond du ciel me semblait plein de têtes.

Ces têtes par moments semblaient se quereller.
Je voyais tous ces yeux dans l'ombre étinceler.
Le monstre grandissait et grandissait sans cesse.
Et je ne savais plus ce que c'était. Était-ce
Une montagne, une hydre, un gouffre, une cité,
Un nuage, un amas d'ombre, l'immensité ?

Je sentai tous ces yeux sur moi fixés ensemble.
Tout à coup, frissonnant comme un arbre qui tremble,
Le fantôme géant se répandit en voix
Qui sous ses flancs confus murmuraient à la fois ;
Et comme d'un brasier tombent des étincelles,
Comme on voit des oiseaux épars, pigeons, sarcelles,

D'un grand essaim passant s'écarter quelquefois,
Comme un vert tourbillon de feuilles sort d'un bois,
Comme dans les hauteurs par les vents remuées,
En avant d'un orage il vole des nuées ;
Toutes ces voix, mêlant le cri, l'appel, le chant,
De l'immense être informe et noir se détachant,
Me montrant vaguement des masques et des bouches,
Vinrent sur moi bruire avec des bruits farouches,
Parfois en même temps et souvent tour à tour,
Comme des monts, à l'heure où se lève le jour,
L'un après l'autre, au fond de l'horizon s'éclairent.

Victor Hugo
Dieu

> *Quelles sont les expressions traduisant les impressions auditives ? Relevez toutes les expressions décrivant la lumière : que remarquez-vous ?*

L'ENFER

> *Aussi n'est-il pas étonnant de trouver l'animal énorme et effrayant dans les visions de ces prophètes qui veulent frapper l'imagination des peuples.*

Cerbère

> *Conduit par Virgile, Dante descend visiter les Enfers dont un chien monstrueux, Cerbère, garde la porte.*

Cerbère, bête cruelle et monstrueuse, aboie comme un chien, de ses trois gueules, contre les gens submergés là-dedans.

Il a les yeux vermeils, la barbe onctueuse et noire, le ventre large, les mains armées de griffes ; il déchire les esprits, les écorche, les écartèle.

La pluie les fait hurler comme des chiens ; de l'un de leurs flancs ils tâchent d'abriter l'autre ; ils se retournent souvent, les malheureux impies.

Quand Cerbère, le grand ver, nous aperçut, il ouvrit ses gueules et nous montra ses crocs ; il n'avait pas un membre qu'il gardât immobile.

Mon guide alors étendit les paumes de ses mains, prit de la terre et la jeta à pleines poignées dans ces gosiers avides.

Tel est ce chien qui aboie dans sa convoitise et puis se calme dès qu'il mord sa pâture, car il ne s'applique et ne s'acharne qu'à la dévorer.

Telles se firent les trois gueules dégoûtantes du démon Cerbère qui étourdit si fort les âmes qu'elles voudraient être sourdes.

Dante
Divine Comédie (Albin Michel, p. 95-96)

> *Dans le troisième verset, comment comprenez-vous l'expression « la pluie les fait hurler comme des chiens... » Quelle est la partie de l'animal qui est décrite ? Pourquoi ?*

Géryon

> *Continuant leur descente aux Enfers, Dante et Virgile rencontrent Géryon.*

« Voici la bête à la queue aiguisée, qui franchit les montagnes, qui brise les murailles et les armures, voici celle qui empeste le monde entier ! »

Ainsi mon guide commença à me parler ; et il lui fit signe de venir aborder près du bord des rochers où nous marchions.

Et cette hideuse image de la fraude s'en vint et avança la tête et le buste, mais elle n'amena pas sa queue sur la rive.

Sa face était celle d'un homme juste, tant elle avait extérieurement un aspect bénin, et tout le reste du corps était celui d'un serpent ;

Elle avait deux pattes velues jusqu'aux aisselles, le dos, la poitrine et les deux flancs peints de nœuds et de taches rondes.

Ni Turcs ni Tartares ni firent jamais étoffes plus chargées de couleurs avec plus d'arabesques et de reliefs, et jamais Arachnée [1] ne tissa pareilles toiles.

Comme parfois de petites barques sont tirées sur le rivage, partie dans l'eau et partie à terre, et comme là-bas parmi les Allemands gloutons.

Le castor s'accroupit pour faire sa chasse, ainsi la bête détestable se tenait sur le rebord de pierre qui entoure le sable.

Toute sa queue se démenait dans le vide, tordant vers le haut la fourche venimeuse qui en armait la pointe à la manière des scorpions.

Dante
La Divine Comédie (Albin Michel, p. 173-174)

> *Dans la mythologie, Géryon était un géant à trois têtes et trois troncs. Dante le présente-t-il ainsi ? Relevez toutes les expressions qui donnent une impression désagréable, à quels sens font-elles appel ? Comment expliquez-vous que Géryon symbolise la fraude ? Cherchez les détails descriptifs qui illustrent ce symbole.*

LES FINS DU MONDE

> *Que peut-il y avoir de plus redoutable que l'évocation de la fin du monde ? Toutes les frayeurs de l'homme ici se trouvent exacerbées et le bestiaire devient une collection de monstres.*

Le massacre de Mona

> *Mona est une ville sur la terre des élus et des heureux où vivent les bardes et les prophètes.*

---

1. Jeune femme qui, d'après la mythologie, excellait dans l'art de tisser et qui fut transformée en araignée.

Le vieux dragon Avank, travaillé par l'envie,
Aux sept têtes, aux sept becs d'aigle, aux dents de fer,
Aux yeux de braise, au souffle aussi froid que l'hiver,
Sortit de son dolmen et contempla la vie,
Et, furieux, mordit les digues de la mer.

Cent longues nuits durant, la Bête horrible et lâche,
Oubliant le sommeil et désertant son nid,
Rongea les blocs épais, secoua, désunit,
Et fit tant, de la griffe et du bec, sans relâche,
Qu'elle effondra l'immense et solide granit.
L'eau croula du milieu des montagnes trouées
Par nappes et torrents sur le jeune univers
Qui riait et chantait sous les feuillages verts ;
Et l'écume, du choc, rejaillit en nuées,
Et les cieux éclatants depuis en sont couverts.

Le lac des lacs noya les vallons et les plaines ;
Il rugit à travers la profondeur des bois
Où les grands animaux tournoyaient aux abois.
L'onde effaça la terre, et les races humaines
Virent le ciel ancien pour la dernière fois.
Les astres qui doraient l'étendue éclatante,
Eux-mêmes, palpitant comme des yeux en pleurs,
Regardèrent plus haut vers des mondes meilleurs :
L'ombre se déploya comme une lourde tente
D'où sortit le sanglot des suprêmes douleurs.

Et le dragon, du haut d'un roc inébranlable,
Tout joyeux de son œuvre et du crime accompli,
Maudit l'univers mort et l'homme enseveli,
Disant : — Hors moi, l'Avank, qui suis impérissable
Les heureux sont couchés dans l'éternel oubli !

Leconte de Lisle
Poèmes barbares

> *Étudiez la composition de ce passage ; que souligne-t-elle ? Quelle peut être, dans ce texte, la raison de l'emploi très fréquent de la conjonction de coordination « et » ? A-t-elle toujours la même valeur ?*

129

La bête écarlate

Le poète, volontairement, ignore la mesure, il s'agit maintenant d'inspirer à l'humanité une frayeur salutaire : nous sommes, comme dans cette vision de prophète, aux limites de l'imaginaire.

Et l'Homme, du milieu de la Ruine immense,
De ces longs hurlements de rage et de démence
Que traversait le rire insulteur des Démons,
Vit croître, se dresser, grandir entre sept monts,
Telle que la Chimère [1] et l'Hydre [2], ses aïeules,
Une Bête écarlate, ayant dix mille gueules,
Qui dilatait sur les continents et la mer
L'arsenal monstrueux de ses griffes de fer.

Un triple diadème enserrait chaque tête
De cette somptueuse et formidable Bête.
Une robe couleur de feu mêlé de sang
Pendait à larges plis de son râble puissant ;
Ses yeux aigus plongeaient à tous les bouts du monde ;

Et, dans un bâillement, chaque gueule profonde
Vomissait sur la terre, en épais tourbillons,
Des hommes revêtus de pourpre ou de haillons,
Portant couronne et sceptre, ou l'épée, ou la crosse,
Et tous ayant, gravée au front, l'image atroce
Des deux poutres en croix, où liés par les mains,
Agonisent, pendus, les esclaves romains.
Et les Fils de la Bête, ou rampants ou farouches,
Allaient, couraient, crevant les yeux, cousant les
          bouches,
Tantôt pleins de fureur, comme des loups des bois
Que pourchassent la soif et la faim, et parfois
Semblables aux renards, peste des bergeries,
Qui se glissent, furtifs, aux nocturnes tueries.

---

1. Monstre moitié-lion, moitié-chèvre.
2. Serpent légendaire dont les sept têtes repoussaient si on ne les coupait pas toutes d'un seul coup.

Et, dans les cachots sourds, les chevalets [1] sacrés
Membre à membre broyaient les hommes massacrés...

Leconte de Lisle
Poèmes tragiques

> *Relevez toutes les expressions traduisant la démesure.
> Quelle est la couleur fréquemment évoquée dans le
> texte ? pourquoi ? D'après la description des « fils de la
> bête », quels événements historiques veut suggérer
> cette vision ?*

Les quatre animaux

> *Autre prophète rapportant ses visions, voici ce que
> décrit Ezéchiel.*

Et voici, je vis un tourbillon de vent qui venait du Nord,
une grosse nuée, une gerbe de feu qui répandait tout
autour son éclat. Au centre brillait comme de l'airain [2]
poli sortant du feu.

Au centre encore on voyait quatre animaux dont
voici la figure : ils avaient une ressemblance humaine ;
chacun d'eux avait quatre faces et chacun quatre ailes.

Leurs pieds étaient droits, et la plante de leurs
pieds comme la plante du pied d'un veau ; ils étincelaient
comme de l'airain poli.

Des mains d'homme sortaient de dessous leurs
ailes sur leurs quatre côtés, et tous les quatre avaient
leurs faces et leurs ailes.

Leurs ailes étaient jointes l'une à l'autre ; quand ils
marchaient, ils ne se tournaient point, mais allaient
chacun droit devant soi.

Quant à la forme de leurs faces, ils avaient tous
quatre une face d'homme, une face de lion du côté
droit, tous quatre une face de bœuf du côté gauche, et
tous quatre une face d'aigle.

---

1. Instruments de torture.
2. L'airain est un alliage à base de cuivre utilisé dans l'antiquité pour la fabri-
cation des armes.

Leurs faces et leurs ailes étaient séparées par le haut ; chacun avait deux ailes jointes l'une à l'autre, et deux qui couvraient leurs corps.

Et chacun d'eux marchait droit devant soi ; ils allaient partout où l'esprit les poussait à aller, et ne se détournaient point dans leur marche.

L'aspect de ces animaux était semblable à celui de charbons de feu ardents et de torches enflammées ; et ce feu flamboyait entre les animaux avec une éclatante splendeur, et il en sortait des éclairs.

Et ces animaux allaient et venaient avec l'aspect de la foudre. [...]

Quand ils marchaient, j'entendais le bruit de leurs ailes, semblable au bruit des grosses eaux et comme la voix du Tout-Puissant, un bruit tumultueux, le bruit d'une armée ; et quand ils s'arrêtaient, ils laissaient retomber leurs ailes.

Ezéchiel
I, 4-14, 24

Comment expliquez-vous que l'apparition de ces animaux soit accompagnée d'une série d'autres phénomènes ? Relevez toutes les expressions qui veulent donner une impression d'effroi : qu'est-ce qui relie tous les éléments de la description ?

_____

La bête à sept têtes

Dans l'Apocalypse, saint Jean rapporte sa vision de la fin du monde : à l'ouverture d'un livre fermé par sept sceaux se produisent des événements effrayants. Lorsque le septième sceau est brisé apparaissent sept anges portant sept trompettes dont chacun sonne à son tour : les visions deviennent alors encore plus terribles.

Il parut aussi un autre signe dans le ciel ; c'était un grand dragon roux, qui avait sept têtes et dix cornes, et sur ses têtes sept diadèmes.

Et sa queue entraînait la troisième partie des étoiles du ciel, et elle les jeta sur la terre...

Alors je vis monter de la mer une bête qui avait sept têtes et dix cornes, et sur ses cornes dix diadèmes, et sur ses têtes un nom de blasphème.

Et la bête que je vis ressemblait à un léopard ; ses pieds étaient comme les pieds d'un ours, et sa gueule comme la gueule d'un lion ; et le dragon lui donna sa force, et son trône, et un grand pouvoir.

Et je vis l'une de ses têtes comme blessée à mort ; mais cette plaie mortelle fut guérie, et toute la terre, étant dans l'admiration, suivit la bête.

Et on adora le dragon qui avait donné son pouvoir à la bête ; on adora aussi la bête en disant : Qui est semblable à la bête, et qui pourra combattre contre elle ?

Et on lui donna une bouche qui prononçait des discours pleins d'orgueil et de blasphèmes ; et on lui donna le pouvoir de faire la guerre pendant quarante-deux mois...

Apocalypse selon saint Jean
XII, 3-4; XIII, 1-5

> *Quels sont les procédés de description déjà rencontrés dans le texte précédent ? Relevez dans ce passage tous les procédés que vous avez déjà rencontrés dans d'autres textes et qui avaient une valeur symbolique.*

_____

Les sauterelles

> *L'imagination humaine, à bout de ressources, se rend compte que la nature contenait déjà des monstres effrayants et redécouvre les calamités naturelles.*

Alors le cinquième ange sonna de la trompette ; et je vis une étoile qui était tombée du ciel sur la terre ; et la clef du puits de l'abîme fut donnée à cet ange.

Et il ouvrit le puits de l'abîme ; et il monta du puits une fumée comme la fumée d'une grande fournaise, et le soleil et l'air furent obscurcis de la fumée du puits ;

et de cette fumée du puits il sortit des sauterelles qui se répandirent sur la terre ; et on leur donna un pouvoir semblable à celui qu'ont les scorpions de la terre.

Et il leur fut ordonné de ne faire aucun mal à l'herbe de la terre, ni à aucune verdure, ni à aucun arbre, et de n'en faire qu'aux hommes qui n'auraient pas le sceau de Dieu sur leur front.

Et il leur fut permis, non de les tuer, mais de les tourmenter durant cinq mois ; et le tourment qu'elles causaient était semblable au tourment que cause le scorpion quand il pique l'homme.

En ces jours-là les hommes chercheront la mort et ne la trouveront point ; ils désireront de mourir, et la mort s'enfuira d'eux.

Ces sauterelles ressemblaient à des chevaux préparés pour le combat ; il y avait sur leur tête comme des couronnes qui paraissaient d'or, et leurs visages étaient comme des visages d'hommes.

Elles avaient des cheveux comme des cheveux de femme, et leurs dents étaient comme des dents de lions.

Elles avaient des cuirasses semblables à des cuirasses de fer, et le bruit de leurs ailes étaient comme un bruit de chariots à plusieurs chevaux qui courent au combat.

Elles avaient des queues semblables à des queues de scorpions, et elles avaient des aiguillons à leurs queues ; et leur pouvoir était de nuire aux hommes pendant cinq mois.

Apocalypse selon saint Jean
X, 1-11

> *Les sauterelles : quels sont les éléments de la description qui permettent d'appeler ainsi ces animaux fantastiques ? Pourquoi l'auteur a-t-il choisi de les nommer ainsi ?*

Comment jouer
avec les animaux

Les textes qui précèdent ne sont qu'un point de départ d'autant plus que, mêlant leurs origines historiques et géographiques — ne pourrait-on pas suivant le niveau de la classe, faire comparer entre eux, pour en discerner les particularités, les textes d'origines diverses : les extraits de l'Apocalypse ne ressemblant que de très loin à ceux de Leconte de Lisle —, ils ne peuvent que témoigner de la permanence et de l'universalité de la métaphore animale dans la littérature.

Il faut maintenant aller au-delà de ce simple témoignage, essayer de rendre cette lecture non plus seulement curieuse et critique, mais créatrice.

Le classement des jeux et exercices qui suivent n'a rien de contraignant, il s'agit seulement de faciliter la tâche au professeur ou à l'animateur désireux de travailler dans telle ou telle direction.

DU MOT AU RÊVE

Le premier but que l'on se propose est, par une série de petits jeux-exercices de libérer l'imagination des contraintes du langage, non pour aboutir à de simples travaux formels, mais pour faire prendre conscience du fait que les mots sont souvent plus qu'ils ne semblent.

L'exercice de départ peut s'inspirer du texte extrait d'*Alice au pays des Merveilles* de Lewis Carroll (p. 37). Il consiste à fabriquer des mots-valises ou, plutôt, ici, des noms-valises à partir d'un des procédés de composition des animaux fantastiques. L'animal fantastique est, très souvent, le résultat de l'assemblage de parties d'animaux réels : un premier travail **(1)** [1] consistera

---

1. Les chiffres en gras entre parenthèses sont des points de repère, permettant de retrouver telle ou telle suggestion d'exercice.

à chercher dans les textes du volume des exemples de ces compositions ; on pourra, alors, les nommer en composant leurs noms **(2)**. Ainsi, une *chimère* étant l'assemblage d'un *lion* et d'une *chèvre*, un second travail peut être de lui trouver un nom résultant de la combinaison de ces deux termes. On voit aussitôt se présenter plusieurs possibilités : *chévrion, lionvre, chélion,* etc... Vont se greffer ici quelques problèmes mineurs de syntaxe (mais en fait signifiants dans la pratique littéraire) : dirait-on *« un »* chévrion ? ou *« une »* chévrion ? Le choix, en apparence anodin est déjà stylistique.

De là, on peut passer à un troisième travail **(3)** : on utilise un nombre pair de petits morceaux de papier. Sur chacun d'eux, on inscrit un nom d'animal. Le tirage au sort va donc les assembler et l'on pourra ainsi obtenir : *une échasse* et *un isard*, ou *un échard* et *une isasse*, etc...

Mais, l'on peut pousser plus loin le même jeu **(4)**, en inscrivant sur les morceaux de papier non plus le nom entier mais, sur un la première syllabe, sur l'autre la deuxième, ainsi de suite. Le hasard semble faire tout le travail, en fait, il ne fait qu'ouvrir la porte de l'imaginaire, des choix conscients devant intervenir à tous moments. Le jeu du « cadavre exquis » **(5)** nous sera maintenant utile ; on peut procéder ainsi : on prend une bande de papier, le premier écrit un nom d'animal qu'il fait suivre d'un nom de partie du corps de l'animal :

un lion avec des pattes de . . . .

puis il plie la bande de papier qu'il fait passer à son voisin qui procède de même :

. . . .*canard et des oreilles de* . . .

et ainsi de suite. Après trois, quatre, cinq passages, le dernier n'écrivant qu'un nom d'animal, on déplie la bande et on peut lire, par exemple :

Un lion avec des pattes de canard et des oreilles de lapin et des dents de tortue et des yeux de veau.

Il s'agit alors de nommer **(6)** cet animal : sera-t-il *« un liard »*, *« un capin »*, *« un torlionard »*, etc... ? On voit comment l'on ouvre ici des perspectives au rêve car l'adoption d'un quelconque de ces noms en apparence absurde va leur donner un caractère : *« un tuelion »* paraîtra certainement plus féroce qu' *« un capin »* !

LES CONNOTATIONS

D'autant qu'il n'est pas question d'en rester là ! On peut évidemment demander de raconter une aventure **(7)** dans laquelle apparaîtrait tel ou tel des animaux ainsi créés ; on peut même utiliser pour cela des animaux pris dans les textes du volume et,

par exemple, proposer divers canevas comme les suivants :
— raconter comment un homme est devenu le cheval Chou-hou (cf. p. 75) ;
— raconter une aventure opposant le catoblepas (cf. p. 74) au cheval Pouo (cf. p. 75), etc...

Cela obligera à donner vie et caractère aux animaux jusqu'à présent seulement nommés. Mais on peut aller plus loin dans l'approche créatrice **(8)** : si, par exemple, notre animal est fait d'une chèvre, d'un lion, d'un canard et d'une tortue, on cherchera dans un dictionnaire (le *Dictionnaire du Français Contemporain*, publié par la Librairie Larousse, est pour cela un excellent instrument) les expressions fréquentes utilisant les noms de ces animaux. Ainsi,
— à *« chèvre »*, on trouvera : *« Ménager la chèvre et le chou »* ;
— à *« lion »* : *« Courageux comme un lion »* ;
— à *« tortue »* : *« Marcher d'un pas de tortue »*.

Cela nous donnera des indications pour la conception de l'animal inventé. Il sera prudent, courageux et lent et, si l'on veut utiliser le sens familier du mot « canard » : fausse note, il aura une voix désagréable. Il faudra alors que le nom choisi concorde avec ce portrait et « un torlionard » semblerait mieux lui convenir qu' « un capin ». En apparence contraignants, ces exercices sont en fait très créatifs car qui empêche de ne pas retenir l'agilité de la chèvre, la force du lion et la prudence de la tortue plutôt que les traits adoptés plus haut ? Un autre animal serait né !

On voit comment l'on approche d'autres aspects illustrés par certains textes du volume **(9)** : la conscience collective attribue à tel ou tel animal un certain nombre de traits qui se traduisent dans des expressions courantes. Ainsi pour le chat, les divers aspects évoqués (cf. p. 50-57) sont déjà sous-jacents à des expressions du genre :
— « mon petit chat », « être chatte », qui traduisent l'affection, la familiarité, l'amitié ;
— « donner sa langue au chat », la ruse ;
— « il n'y a pas un chat », la solitude ;
— « un chat noir », l'inquiétude.

Il suffit de savoir les utiliser pour mettre en avant tel ou tel aspect de l'animal choisi. A l'inverse, on peut essayer de voir, à travers le volume, ce que représente l'oiseau, le cheval, le loup, le dragon, etc... dans la conscience collective **(10)**. Là encore peuvent naître quantité de récits, à partir d'une imagination aidée, propulsée par l'exemple, libérée par la prise de conscience de la signification de la moindre des expressions employée, d'habitude, machinalement.

L'étude des connotations sera alors poussée plus loin **(11)**, suivant, en cela, l'exemple d'autres textes (essentiellement ceux de la 6e partie : « Une faune de l'univers », associant des animaux et des éléments non-animaux... Un autre cadavre exquis pourrait donner : *un rat avec des pattes d'eau et des oreilles de forêt ;* ce qui conduirait à la même recherche que précédemment, mais dans un domaine plus élargi et l'on approche bien de certains des aspects de la littérature.

Ce n'est qu'après ces jeux de « déblocage » qu'une recherche véritablement consciente pourra être menée **(12)**, qui consisterait à approcher la métaphore élémentaire. Veut-on traduire la souplesse, l'agilité d'un animal, on cherchera un élément naturel évoquant cette qualité et ce qui peut être, suivant les circonstances, *un fleuve* ou *un nuage.* Le choix de l'un ou de l'autre de ces termes entraînant des connotations divergentes.

LES RIMES ET LES RYTHMES

Si l'on veut approcher du poème, il faudra alors utiliser certains de ses aspects techniques, même sous leurs formes les plus anciennes, car ces mêmes formes, plus élaborées, persistent dans la poésie contemporaine.

On partira par exemple des rimes **(13)** comme dans *le Tamanoir,* de R. Desnos et, à partir des couples de rimes retenus, on inventera une petite histoire. Ou encore, s'inspirant du poème *Cavalcade* de L. Guillaume (cf. p. 20), on commencera par créer des expressions du type : « un cheval de lune » — que ce soit par des jeux de hasard ou non —, puis il faudra trouver des rimes et, là encore, les intégrer dans une historiette **(14)**. Vont se poser les problèmes du choix, qui sont ceux de tout créateur : pourquoi retenir telle expression plutôt que telle autre ? Mais ici le travail est volontairement simplifié, car le matériau de départ est donné : on se contente, pour l'instant, de faire ses gammes.

Puis, viendra le rythme, et l'exercice se complique... On pourra partir de rythmes simples, comme ceux des comptines, en composant d'abord des vers de cinq ou six pieds **(15)**. Pour simplifier au maximum les difficultés, on pourra, au départ, se contenter de simples énumérations à partir des noms d'animaux créés et des rimes obtenues, partant, par exemple, d'un premier vers très simple : *« Au bois il y avait... »,* auquel s'ajouteront les noms choisis en fonction seulement des rimes et du rythme, par exemple :

> *Au bois il y avait*
> *des capins, des chévriers,*
> *un loup, des torlionards,*
> *un tuelion et des liards,*
> *etc...*

L'exercice pourra se compliquer au fur et à mesure de la progression vers une maîtrise accrue des possibilités de la langue.

Les montages

Le thème développé ici se prête admirablement à ce genre d'exploitations ; fondés soit sur les associations imaginatives, soit sur les associations sensibles, la plupart des textes cités font appel à la faculté analogique que le montage ne peut, pédagogiquement, que contribuer à renforcer. Il s'agit, en effet, essentiellement de «.tisser des liens », rassembler des matériaux au départ nettement distincts et les fondre en un nouvel « ouvrage » : c'est, déjà, profondément, faire œuvre créatrice. De multiples possibilités s'offrent, les associations pouvant être, d'abord, simples :

— *Illustrations de textes à partir de documents iconographiques* **(16)** : miniatures orientales (Inde, Java, etc.), photos de bijoux anciens (art des steppes notamment), reproductions d'œuvres de J. Bosch, Breughel, A. Durer, Goya, Grandville, etc. Une étape déjà plus élaborée consistant à mettre en rapport **(17)** un ensemble de textes décrivant un seul animal avec un ensemble d'illustrations sur ce même animal : par exemple, rassembler les textes sur la licorne (auxquels on pourrait ajouter d'autres, notamment le poème sur « l'unicorne » dans le *Bestiaire* de Ph. de Taon) et les diverses figurations que l'on en peut trouver. Tout un montage pourrait être réalisé autour de la série des tapisseries intitulées *La Dame à la licorne*, ou les dragons, qui abondent dans quantité de légendes populaires, et leurs représentations, fréquentes dans l'art chinois, par exemple, etc.

— *Illustrations* (*ou accompagnements*) *de textes à partir de documents musicaux* **(18)**, ce qui ouvre davantage encore la porte au rêve. La musique choisie ne sera pas obligatoirement descriptive : on pourrait alors songer, bien sûr, à Saint-Saëns, *le Carnaval des animaux* ; à Prokofiev, *Pierre et le loup* ; à Rimsky-Korsakov, *le Vol du bourdon* ; à Daquin, *le Coucou* ; à Tchaïkovski, *le Lac des cygnes* ; à Debussy, *Prélude à l'après-midi d'un faune*, etc.). On essayera plutôt de faire naître des analogies moins rigides en partant des musiques les plus diverses, qu'elles soient classiques, folkloriques ou de jazz. Cela serait, tout naturellement, une approche de la diction **(19)**, individuelle et collective, le montage ne pouvant, dans ce cas, guère être autre que sonore, les élèves disant ou lisant (avec ou sans enregistrement) des textes, soit en alternance avec la musique, soit sur un fond musical qui rythme la lecture. Tout cela impose des choix fréquents, donc une constante réflexion non obligatoirement formulée sur les textes et la littérature.

— *Des montages plus complexes pourraient se proposer d'utiliser concurremment illustrations sonores, musicales et iconographiques* **(20)**. S'imposerait alors, évidemment, la nécessité de créer un lien, un fil conducteur, peut-être d'inventer une histoire, un conte, etc., par ce biais on pourrait d'ailleurs utiliser ici certaines des suggestions données plus haut (**7** et **8**, par exemple), ou bien de développer un thème **(21)** comme par exemple celui du chat, du cheval, du chien ou du loup au travers des textes présentés ici, mais aussi, bien entendu, au travers d'autres que les enfants peuvent avoir déjà rencontrés, appris ou qu'ils se mettront à chercher : c'est à une véritable chasse que, ainsi, on les incite.

Vers une étude littéraire des textes

Nous approchons ici d'une étude critique de la littérature et de son fonctionnement, le thème est en effet un des aspects qui caractérise telle ou telle œuvre. Chez tel auteur, tel thème prendra une ampleur ignorée chez un autre écrivain, tel mot aura une résonance qu'il n'a pas ailleurs. On peut alors envisager de restreindre le thème à son étude chez un auteur donné **(22)** et, par exemple, envisager de réaliser un montage sur le bestiaire de *la Tentation de saint Antoine* de Flaubert, sur celui de Lewis Carroll, à travers ses œuvres *(Alice au pays des merveilles, La chasse au Snark, A travers le miroir)*, ou sur celui de Raymond Roussel (dans *Locus Solus, Impressions d'Afrique, Nouvelles Impressions d'Afrique)*, ou encore de Blaise Cendrars *(Anthologie Nègre, Petits contes nègres)*. On peut également avoir recours à des auteurs chez qui les animaux ne sont pas aussi évidemment fantastiques, aussi surprenants **(23)** : on peut prendre diverses œuvres de Colette, Supervielle, Genevoix, Michaux, F. Ponge, la Bible, y rechercher des passages décrivant des animaux et les grouper en un montage pour en faire le bestiaire de tel ou tel auteur : il s'agit là d'une lecture sélective, donc déjà critique, débouchant sur une approche raisonnée des œuvres littéraires. Ceci peut, insensiblement, nous conduire à une sorte de « spécialisation » **(24)** : l'étude de tel ou tel animal chez tel ou tel auteur (le chat chez Baudelaire, l'oiseau chez Prévert, le cheval chez Saint-John Perse, etc.) et, pourquoi pas, nous conduire même jusqu'à l'étude de la métaphore animale **(25)** chez un auteur donné, par exemple la comparaison animale chez Balzac ou chez Proust.

Dans cette courte « fiche » pédagogique, il ne s'agit, bien sûr, que de suggestions. Nombreux sont les travaux qui peuvent être imaginés dans le même sens, qui est celui d'une prise de conscience par l'élève des techniques qui sous-tendent la littérature. Il n'est nullement question cependant de réduire à cet aspect l'écriture littéraire, mais il faut accepter de voir que, sans cela, elle ne serait pas... Est-ce trop naïf que de vouloir ménager, dans son approche, quelques étapes pédagogiques ?

En guise d'illustration, deux exemples

Dans le but de faciliter la pratique de quelques-uns des exercices suggérés plus haut, nous donnons, en conclusion, deux exemples plus élaborés de travaux sur les animaux. Nous présentons deux montages, l'un consacré à un auteur, l'autre à un thème.

    1. *Une promenade en forêt : l'œuvre de Maurice Genevoix.* Le prétexte du montage ici choisi (et qui peut être réalisé en classe de sixième) est celui de la *promenade en forêt.* Un texte de départ ayant donné aux élèves l'envie de parler d'animaux, de lire des histoires d'animaux, la classe décide de raconter une sortie fictive en forêt et, par ce biais, de présenter les animaux que l'on a pu rencontrer aux détours des sentiers.

    Comment s'y prendre ? Cela va dépendre en partie du matériel recueilli, en partie des décisions de la classe.

    Comme supports, le professeur proposera à ses élèves de lire les ouvrages suivants de M. Genevoix : *L'Écureuil du bois bourru, La dernière harde, Forêt voisine, Derrière les collines, Tendre bestiaire, Bestiaire enchanté, Bestiaire sans oubli, Rroû, La forêt perdue* (on peut évidemment se contenter d'un certain nombre d'entre eux, ceux qui sont dans des éditions de poche notamment). Le choix de M. Genevoix a été dicté par la richesse des descriptions animales dans ses œuvres, mais aussi par la simplicité de son style fort abordable par des enfants du premier cycle.

    La première consigne de travail donnée aux élèves est de retenir, dans leurs lectures, les descriptions d'animaux qu'ils ont préférées. Pour ce travail préparatoire, on se fixe une durée limite (de quinze jours à un mois). Une fois les textes choisis, chaque groupe présente son (ou ses) texte(s) à la classe, les lisant et justifiant son choix, pouvant même, si on le juge utile, lire des passages non retenus afin d'éclairer ses critères.

    La suite du travail dépendra du matériel ainsi obtenu. Au cas où les textes seraient trop nombreux, il vaudrait mieux que le professeur détermine, pour chaque groupe, un nombre maximum de textes obligeant les élèves à un choix réel. Il faudra aussi se limiter dans le tri final, obligeant la classe, à cette étape, à définir précisément le « sens » du montage. On choisira, par exemple, un montage « thématique » comme « les oiseaux », « les petits animaux des bois », « les animaux paisibles », ou un projet plus ouvert (« quelques animaux rencontrés en forêt », par exemple) qui imposera d'être plus exigeant sur la « qualité » des textes : on ne retiendra que les plus « beaux », c'est-à-dire ceux que la classe aura ainsi jugés, précision împcrtante qui rend indispensable une discussion capable d'amener les élèves à se donner des critères, à chercher à préciser eux-mêmes ce qui les retient, ce qu'ils aiment, et pourquoi.

L'étape de « recherche » ainsi terminée, que faire de cet ensemble de textes, étant donné que le thème organisateur est maintenant connu ?

Quel que soit celui-ci, pour qu'il y ait montage, il va falloir prendre plusieurs décisions. La première concernera l'ordre de présentation des textes. Cet ordre n'est pas indifférent : l'on verra que tel texte aura tel ou tel de ses aspects accentué — ou au contraire affaibli — suivant qu'il sera ou non précédé — ou suivi — de l'un ou l'autre des textes choisis. Est-il indifférent de présenter les animaux dans un ordre « chronologique » ? Prenons un exemple. Dans un des textes retenus, extrait de *Forêt voisine* (Flammarion, p. 117) et décrivant un cerf, nous trouvons la phrase suivante : « Fauve comme les fougères qu'elle domine, la tête du cerf vient de surgir... », et dans cet autre extrait de *La forêt perdue* (Le Livre de Poche, p. 46) décrivant un sanglier : « C'était l'automne et la vue portait loin. » Nous avons là deux détails qui, bien que marginaux, donnent des informations qui peuvent guider un montage : le fauve des fougères répond à l'automne du second texte. Ces deux descriptions se situent dans une même saison et l'on peut difficilement les utiliser pour raconter une promenade au cours d'une belle journée d'été, ce que peut indiquer un autre texte. On voit par ces exemples que les élèves vont être contraints à une lecture très attentive mais aussi à une lecture active : il faut trouver un sujet qui puisse, sans incohérence majeure, articuler tous les textes entre eux et cela dans un ordre déterminé en partie par le sujet, en partie par les textes choisis.

Ce sujet, il faut maintenant lui donner une forme écrite, créer de courts textes établissant des liens entre les fragments retenus, faire de cet ensemble disparate un tout cohérent. Cela ne se peut que par une concertation de l'ensemble de la classe, car si l'on peut faire rédiger chaque texte de présentation ou de liaison par des élèves ou des groupes travaillant séparément, il faudra bien que l'ensemble présente une certaine logique, ce qui conduira la classe à une étude de ses propres écrits.

La dernière étape sera celle de la lecture et il faudra savoir « comment » lire ces textes : lecture à plusieurs voix (en fonction de quels critères ? comment vont se répartir les différentes voix ? etc.), lectures à une seule voix. Un enregistrement permettra à la classe de se mettre en position d'auditeur, c'est-à-dire de prendre un recul critique par rapport à son travail achevé.

Le montage, dans l'exemple choisi ici, repose seulement sur des textes. Il est, bien entendu, possible de l'illustrer par des images, des diapositives, d'ajouter un fond musical à l'enregistrement. Mais cela n'est pas absolument indispensable, car il s'agit avant tout de l'approche d'un auteur et de son bestiaire. Dans l'exemple qui suit, il n'en serait peut-être pas de même.

2. *Un animal monstrueux : le dragon*. Prenant un animal qui appartient à la symbolique humaine, nous allons être amenés à étudier des textes d'époques et de langues diverses, à pénétrer dans le domaine de la représentation imaginaire ; peinture et musique peuvent alors nous être d'un grand secours.

Pour aborder ce montage, il serait intéressant de commencer par une discussion qui amènera les élèves à préciser ce qu'est pour eux un dragon (quel est l'enfant qui, dans ses lectures de contes, les bandes dessinées ou les dessins animés, n'a pas rencontré cet animal ?). On arrivera assez vite à une vision du dragon qui se confrontera à celles, parfois bien surprenantes par leurs différences, du montage. De plus, cette discussion pourra fournir une première moisson de documents.

Dans le présent ouvrage, on trouve plusieurs descriptions de dragons (*Un dragon*, de Lautréamont, p. 80 ; *Le dragon du feu*, de Giono, p. 86 ; *Le massacre de Mona* de Leconte de Lisle, p. 128). On a déjà là des visions divergentes qui ne pourront certainement pas totalement coïncider avec celles que se sera données la classe, et qui permettront donc d'inciter à une recherche plus attentive. Pour guider cette recherche, on consultera avec profit le *Manuel de Zoologie Fantastique* de J.-L. Borges (collection 10/18). On pourra aussi utiliser les contes provençaux décrivant des drachs, des tarasques, des coulobres ; on pourra faire appel à la mythologie chinoise, à la légende germanique de Siegfried, on pourra lire les textes suivants : *Le dragon à plusieurs têtes et le dragon à plusieurs queues*, de La Fontaine (I, 12) ; *La légende dorée*, de Jacques de Voragine (Éd. Garnier) : saint Georges (t. 1) et sainte Marthe (t. 2) ; le récit de Théramène (V, 6) dans *Phèdre* de Racine ; *Histoires Naturelles* de Pline l'Ancien (t. IX, Éd. Budé), etc.

Ici encore, le problème sera plutôt d'organiser l'ensemble que de recueillir des textes. On ne peut préjuger des partis qui seront adoptés par la classe : elle peut décider de présenter le mythe dans sa diversité ou d'en donner une image cohérente, traditionnelle, celle de l'animal néfaste, symbole du mal (mais qu'il n'est pas toujours et qu'il n'est même jamais dans la mythologie chinoise).

Ce choix des textes et de leur ordre de présentation peut, par exemple, aller du moins au plus effrayant, amenant ainsi les élèves à définir ce qui est « effrayant » ou non dans une description littéraire, c'est-à-dire à aborder la question : *Par quels procédés, un auteur donne-t-il une impression d'effroi ?*

Dans ce type de montage aussi, on élaborera un texte de liaison, obligeant la classe à exprimer les raisons qui guident son travail. Mais il sera bon de faire appel à d'autres types de documents, mettant en rapport les diverses techniques d'expression d'un même sentiment. On trouvera des représentations de dragons dans nombre de livres d'enfants, dans les reproductions d'icônes russes (nombreuses figurations de saint Georges terrassant le dragon), dans les peintures occidentales sur le même sujet (Mantegna, Van Eyck, Dürer) dans la statuaire (cathédrale de Chartres, marbre de Donatello à Florence), les miniatures chinoises, etc., qu'il sera intéressant de comparer entre elles, mais également d'opposer aux textes littéraires mettant ainsi en évidence la spécificité de tel ou tel art. La musique, elle, permettra de préciser des impressions : frayeur, force, rage, etc., puisées à diverses sources qui ne seraient pas obligatoirement liées, dans l'esprit du compositeur, au thème choisi (même si, par exemple, la légende de Siegfried est illustrée par Wagner et forme un des volets de sa *Tétralogie*).

La mise en rapport de tous ces éléments aboutira à une création authentique de la classe : l'expression de ses découvertes, de ses réflexions, de son travail.

Imprimerie Hérissey. — Évreux. — Janvier 1974.
Dépôt légal 1974 - 1ᵉʳ. — Nᵒ 15337. — Nᵒ de série Éditeur 6870.
Imprimé en France *(Printed in France).* — 38 001 A-8-74.